Rüdiger Jordan

Von Kapitellen, Kanzeln und Taufsteinen

Ein spannender Führer zu
67 Kirchen und Klöstern im Ruhrtal

Klartext

Herausgeber:

das ruhrtal – eine Initiative der Städte
Bochum, Hagen, Hattingen, Herdecke,
Wetter, Witten, des Ennepe-Ruhr-Kreises,
Dortmund, Essen, Mülheim an der Ruhr
und Oberhausen
www.dasruhrtal.de

das ruhrtal

Regionalverband Ruhrgebiet, Essen
www.rvr-online.de

DAS RUHRGEBIET.
Regionalverband Ruhr

Idee und Konzeption: Walter Uphoff

1. Auflage, Januar 2006
Satz und Gestaltung: Achim Nöllenheidt
Kartengestaltung: RVR
Titelgestaltung: Klartext Medienwerkstatt GmbH, Essen
Druck: J. P. Himmer, Augsburg

ISBN 3-89861-436-0
www.klartext-verlag.de

Inhalt

Herdecke

Wetter (Ruhr)

Witten

Bochum

Hattingen

Essen

Mülheim an der Ruhr

Oberhausen

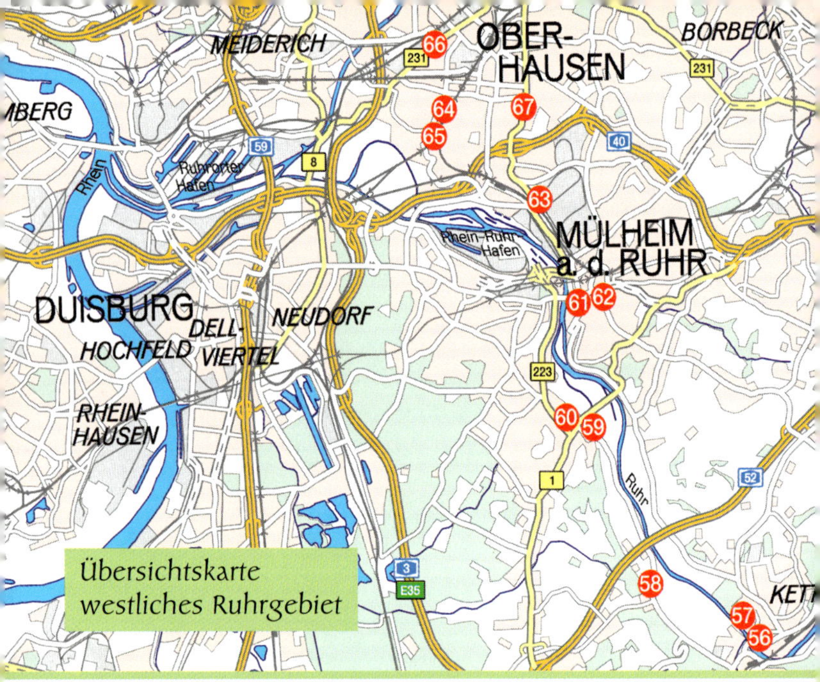

Übersichtskarte westliches Ruhrgebiet

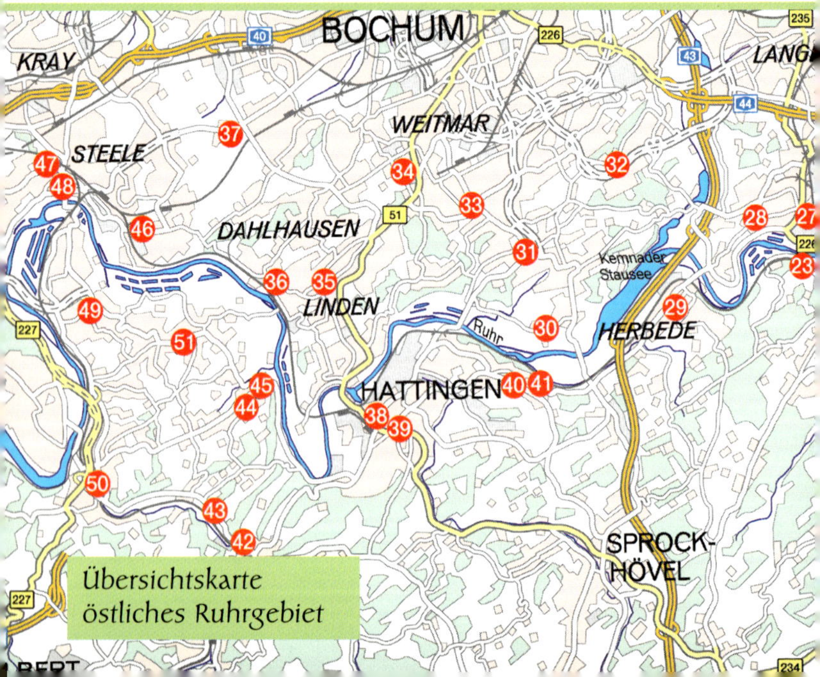

Übersichtskarte östliches Ruhrgebiet

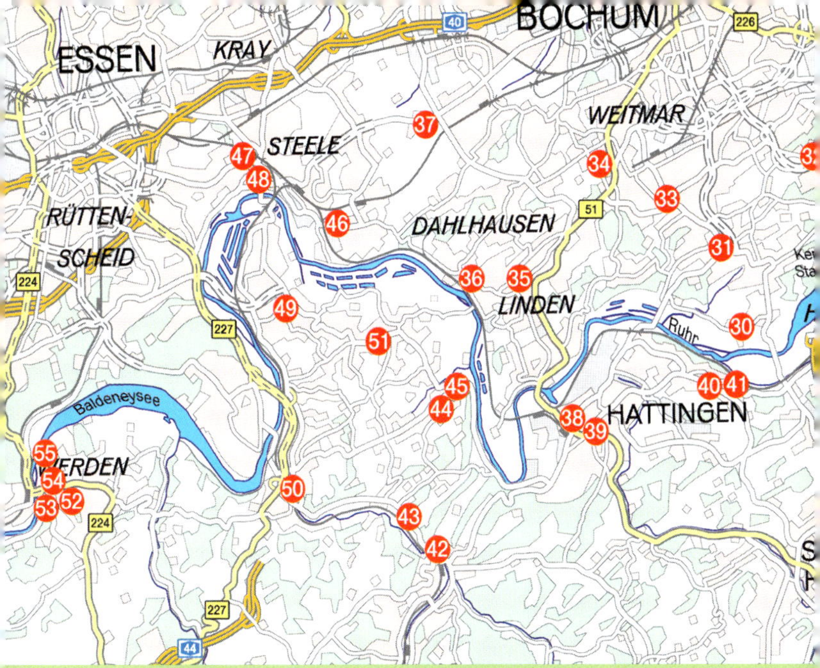
ESSEN
KRAY
BOCHUM
40
226
WEITMAR
STEELE
37
47
48
34
33
51
RÜTTEN-
SCHEID
46
DAHLHAUSEN
31
224
36
35
LINDEN
49
51
227
Ruhr
30
45
40
41
Baldeneysee
44
38
39
HATTINGEN
55
WERDEN
54
52
53
50
224
43
42
227
44
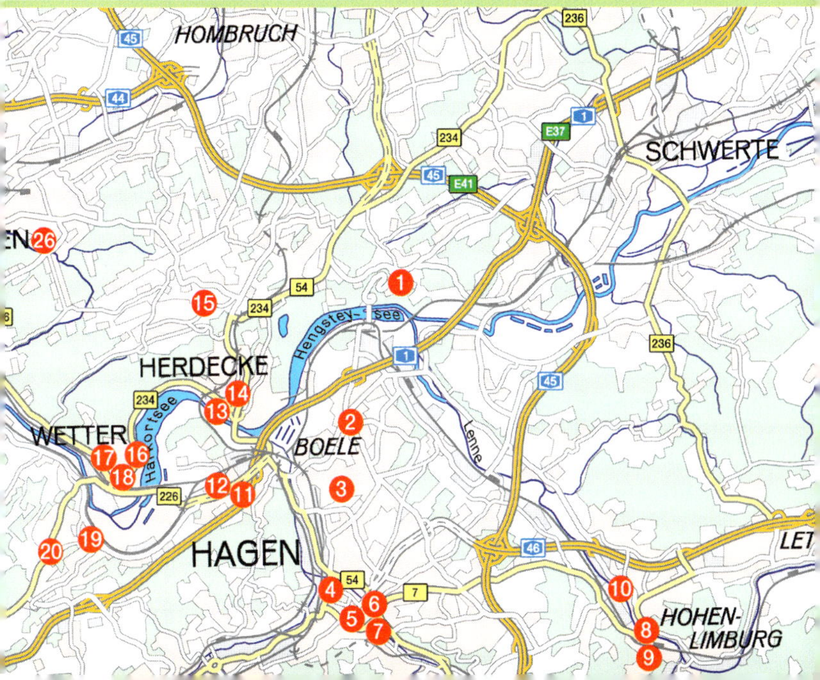
236
45
HOMBRUCH
44
1
E37
234
SCHWERTE
45
E41
26
1
54
15
234
Hengstey-See
1
HERDECKE
236
45
234
Harkortsee
14
13
2
WETTER
17
16
18
BOELE
Lenne
12
11
3
226
19
20
HAGEN
46
LET
54
4
6
7
5
7
10
8
HOHEN-
LIMBURG
9

Von Kapitellen, Kanzeln und Taufsteinen

Kirchen und Klöster im Ruhrtal

Wer ihren markanten, bereits aus der Ferne sichtbaren Türmen folgt, wird immer die Mitte einer Siedlung, eines Dorfes oder einer Stadt finden. Und wer eine Kirche genauer betrachtet und nur ein Stück weit in ihre Geschichte eintaucht, wird eine Vielzahl spannender, manchmal auch ganz profaner Geschichten entdecken. Heute wie seit jeher sind Kirchen Mittelpunkte lebendiger Gemeinden – in ihnen begegnen sich Menschen.

Die 67 hier ausgewählten sehenswerten Kirchen und Klöster im Ruhrtal spiegeln beinahe ein Jahrtausend sakraler Baukunst und damit des Lebens in dieser immer wieder von radikalen Veränderungen geprägten Region. Die stilistische Vielfalt der „Häuser Gottes" dokumentiert im Wandel ihrer Formen und ihrer künstlerischen Ausgestaltung vom Mittelalter bis heute aber nicht nur die zur jeweiligen Zeit typischen Glaubensvorstellungen. Sie stehen auch nicht nur für beinahe alle historischen wie zeitgenössischen Strömungen in Kunst und Architektur, und dies auf oftmals sehr hohem Niveau. Vor allem bleiben in ihren steinernen Mauern immer auch Geschichten von Menschen lebendig: Der Menschen, die sich für den Bau ihrer Gotteshäuser einsetzten, die sie mit Leben füllten oder, auch das kam zu allen Zeiten vor, sich um die „rechte" Art zu glauben, zu leben – oder auch nur zu bauen – stritten.

Die Spanne dieser Geschichten nimmt ihren Ausgang im 8. Jahrhundert, der Zeit Karl des Großen. Die ersten Kirchen und Klöster entstanden in diesem konfliktträchtigen Grenzgebiet an der Ruhr, während der Frankenkönig die heidnischen Sachsen gewaltsam in sein Reich eingliederte und zum Christentum missionierte. Reformation, Gegenreformation und die im 19. Jahrhundert aufkommende Industrialisierung sind nur einige der Stationen, die bis in die Gegenwart führen und die das alltägliche wie das kirchliche Leben dieser entdeckenswerten Landschaft, ihrer Menschen, Städte und Gemeinden geprägt haben.

Ausgehend von einer der „Urkirchen" der Region, der Syburger Dorfkirche im Süden Dortmunds, führt Sie dieser kleine Reisebegleiter durch die herrliche Landschaft des Ruhrtals flussabwärts zu den sehenswertesten Beispielen sakraler Baukunst. Sie können die Objekte in der vorgeschlagenen Reihenfolge von Ost nach West abfahren oder gezielt einzelne Orte und Bauten auswählen.

Zu jedem Objekt finden Sie neben der Adresse und einem Kartenausschnitt zur Orientierung auch Angaben zu den Öffnungszeiten (Ö) und, sofern angeboten, zu Führungen (F) bzw. Veranstaltungen in der Kirche (V), Parkmöglichkeiten (P) und gastronomischen Angeboten (G) in der Umgebung.

Außerdem bietet dieser Führer zu jedem Ortsteil Hinweise auf ruhrnahe Freizeit-, Sport-, Kultur- und Erholungsangebote sowie eine Vielzahl weiterer Sehenswürdigkeiten und Baudenkmale, nicht allein kirchlicher Art. Werfen Sie bei der Planung eines Ausflugs auch mal einen Blick auf die Kirchen und Tipps in den Nachbarorten, es gibt viel zu entdecken!

Wer mehr über die hier nur kurz angesprochenen romantischen Burgen, Schlösser und Herrenhäuser, die spannenden Zeugnisse der vielfältigen Industriegeschichte oder die geologische Entwicklung der reizvollen Landschaft des Ruhrtals erfahren möchte, dem seien die in dieser Reihe bereits erschienenen thematischen Reiseführer empfohlen.

Stellvertretend für alle, die durch Rat und Tat, Informationen, Abbildungen und Kritik zum Gelingen dieses Reiseführers beigetragen haben, möchte ich Herrn Walter Uphoff danken, der sich konzeptionell des Themas angenommen und durch sein Engagement die Voraussetzung zum Gelingen des Bandes geschaffen hat.

Auf Ihren Ausflügen zu Kirchen und Klöstern im Ruhrtal wünschen Ihnen alle Beteiligten spannende, unterhaltsame und manchmal vielleicht auch besinnliche Stunden.

Die ev. Kirche St. Peter in Dortmund-Syburg

Dortmund

1 Gründung Frankenkönig Karls

ev. Kirche St. Peter in Dortmund-Syburg

Keine Kirche könnte als Ausgangspunkt für einen Ausflug in die Geschichte christlichen Lebens und Bauens im Ruhrtal geeigneter sein als die Peterskirche im Dortmund Süden, zählt sie doch ihrem Ursprung nach zu den ältesten Sakralbauten Westfalens.

Im Zuge seiner Kriege gegen die heidnischen Sachsen (772-804) hatte der Frankenkönig und spätere Kaiser Karl der Große im Jahre 775 die bedeutende sächsische Festung Sigiburg, die Hohensyburg, erobert. Da eine Urkunde von 776 bereits den Bestand einer „Basilika" in den Mauern der Wallburg belegt, muss hier direkt nach der Eroberung mit dem Bau einer christlichen Kirche begonnen worden sein. Der Überlieferung nach soll Papst Leo III. diese Kirche im Jahre 799 in Anwesenheit König Karls und vieler weiterer Würdenträger geweiht und unter das Patronat des hl. Peter gestellt haben. Als Reliquie soll Leo III. die Hirnschale der als Schutzpatronin der Bergleute verehrten hl. Barbara gestiftet haben. Abbau und Verhüttung von Eisenstein sind in der Umgebung von Syburg durchaus archäologisch belegbar. Als besonderes Privileg wurde in jenem Jahr auch eine Wallfahrt eingerichtet. Wer acht Tage vor oder nach dem Tag des hl. Markus (25. April) die Kirche besuchte, durfte mit einem 1274 durch Papst Gregor X. bestätigten päpstlichen Ablass – der Vergebung aller Sünden – rechnen. Dass diese Wallfahrt im Hochmittelalter einige Bedeutung hatte, belegt eine makabre Geschichte: 1297 brannte ganz Dortmund am Markustag bis auf drei Steinhäuser nieder, weil alle Männer nach Syburg gepilgert waren und deshalb niemand den Brand löschen konnte.

Steinerne Spuren aus der Gründungszeit des Gotteshauses finden sich heute jedoch nur noch wenige. Unter den rund 200 Grabsteinen in der und um die Kirche stammen drei noch aus der Zeit Karl des Großen. Sie sind heute in der Turmhalle zu bestaunen. Bei Ausgrabungen entdeckte man im Jahr 1950 außerdem Fundamentreste, die ebenfalls in jene Zeit zurückverweisen könnten.

In ihrer heutigen Form entstand die Peterskirche erst später. Das wehrhafte, um 1100 erbaute romanische Langhaus wurde nach schwersten Kriegsschäden bis 1955 in veränderter Gestalt wiedererrichtet. Somit bildet der Anfang des 13. Jahrhunderts im Übergangsstil zwischen Romanik und Gotik errichtete Wehrturm mit dem schönen Rhombendach ihren heute ältesten erhaltenen Teil. Der im ausgehenden 15. Jahrhundert errichtete spätgotische Chor, im Krieg 1673 schwer beschädigt, wurde 1688 wieder instand gesetzt. Zur Lehre Luthers war die Gemeinde bereits unter Pastor Luermann übergetreten, der 1590-1624 in Syburg amtierte.

Grabstein von 1662 auf dem Kirchhof

Besonders sehenswert sind neben dem historischen Kirchhof vor allem das reich ornamentierte, hochromanische Stufenportal in der südlichen Turmfassade und der aus Lütgendortmund stammende romanische Taufstein im Inneren.

ev. Kirche St. Peter

Syburger Kirchstraße 14
Dortmund-Syburg
www.kirchedosued.de (▷ Syburg)

Ö: Besichtigung auf Anfrage möglich (02304-89386)
F: Führungen auf Anfrage möglich (02304-89386)
V: Regelmäßig Konzerte (Info: www.syburger-sonntagsmusiken.de)
P: Keine Parkmöglichkeiten vor Ort, bitte Parkplätze an der Hohensyburgstraße anfahren
G: Gastronomie in der Umgebung

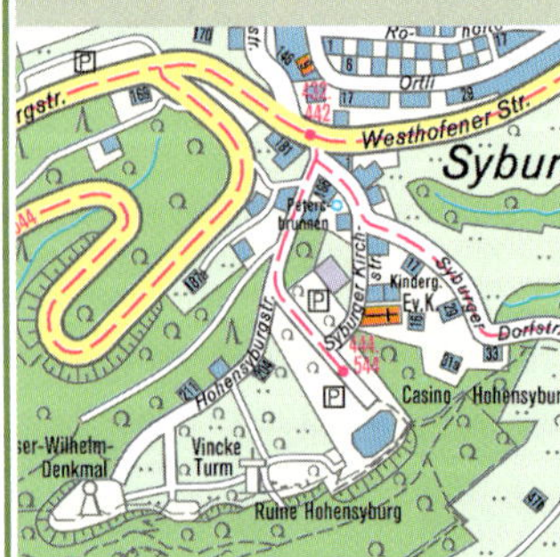

In der Nähe finden Sie:

» Rund 100 Meter über der Ruhr liegt die Ruine der um 1070 aus heimischem Sandstein gefügten und 1287 durch Graf Eberhard I. von der Mark teilzerstörten Hohensyburg. Diese war an Stelle der 775 durch den Frankenkönig Karl eroberten sächsischen Wallburg entstanden, deren Spuren im Gelände noch auszumachen sind.

Hohensyburg

Mitten in der Ruine ließ die Gemeinde Syburg 1930 durch den Dortmunder Bildhauer Fritz Bagdons ein patriotisches Gefallenenehrenmal errichten (Hohensyburgstraße, ca. 5 min zu Fuß).

» Bereits im 19. Jahrhundert hatte man die historische Bedeutung und die reizvolle Lage des Sybergs für politische Denkmäler zu nutzen gewusst: 1857 erbaute man zu Ehren des ersten Oberpräsidenten der preußischen Provinz Westfalen, Ludwig von Vincke, den bis heute erhaltenen Turm neben der Hohensyburg. Den Berg dominiert das 1901 zur Erinnerung an die Reichsgründung 1871 eingeweihte Kaiser-Wilhelm-Denkmal. Die einstige Pracht des nach Entwürfen des Architekten Hubert Stier und der Bildhauer Adolf und Karl Donndorf seit 1893 erbauten Nationaldenkmals wurde 1935-36 im Stile des von den Nationalsozialisten bevorzugten Monumentalklassizismus umgestaltet.

» Im 1985 eröffneten Spielcasino neben der Burg kann man nicht nur sein Glück versuchen, sondern auch ausgezeichnet speisen (Hohensyburgstraße 200, Info: www.westspiel.de). Und in der direkten Umgebung bieten zahlreiche Gasthäuser Köstlichkeiten für jeden Geldbeutel.

» Entlang des Syburger Bergbauweges erläutern Infotafeln die vielfältigen Spuren des frühen Kohlenbergbaus (Wanderweg A1).

» Die Freilichtbühne unterhalb der Syburger Kirche lockt in der Saison mit frischen Inszenierungen nicht nur Kinder ins Theater (Syburger Dorfstraße 60, Info: 0231-774310, www.naturbuehne.de).

» 1927-29 wurde die Ruhr unterhalb des Sybergs zum Hengsteysee aufgestaut. An der Brücke nach Hagen (Hengsteystraße) finden Sie einen Bootsverleih und einen Anleger des Ausflugsschiffs „MS Freiherr vom Stein" (Info: 02330-72981, www.hagen.de), das von April bis Oktober bis zum Freibad Hengstey (▷ S. 21) fährt.

» Weitere lohnende Ziele am Hengstey- und am nahen Harkortsee finden Sie unter Hagen und Herdecke. Kondition und gute Schuhe braucht, wer den Abstieg zum See zu Fuß in Angriff nehmen möchte.

St. Johannes Baptist in Hagen-Boele

Hagen

2 Mittelpunkt des Dorfes

St. Johannes Baptist in Hagen-Boele

Die annähernd ringförmig um die Kirche angelegte Bebauung gibt noch heute einen guten Eindruck von mittelalterlichen Siedlungsstrukturen. Und das, obwohl sowohl die Kirche St. Johannes Baptist als auch die Wohn- und Geschäftshäuser am Platzrand erst in der zweiten Hälfte des 19. Jahrhunderts und später entstanden sind. Bis 1877 bildete eine kleine, wohl im 12. Jahrhundert erbaute romanische Basilika den Mittelpunkt des Boeler Kirchplatzes, der ursprünglich als Friedhof genutzt war.

Unter Pfarrer Wilhelm Hecking, der über 50 Jahre am Ort wirkte, entfaltete die Gemeinde eine umfangreiche Bautätigkeit. So entstand 1873-74 ein Krankenhaus, 1875 eine katholische Schule und 1877 wurde der Grundstein für den Bau der heutigen Kirche gelegt. Die ausladende neuromanische Säulenbasilika entstand in mehreren Bauabschnitten. Zunächst erbaute man den Chor, das Querhaus und ein Joch des Langhauses. Die alte Dorfkirche blieb dabei zunächst teilweise erhalten, um auch während der Bauzeit einen Gottesdienstraum zu haben. Wann genau der erste Bauabschnitt fertig war, ist nicht bekannt, überliefert ist aber, dass 1882 die westliche Hälfte des Altbaus noch bestand. Zu dieser Zeit dürfte der Weiterbau gestockt haben, denn die Westfassade mit ihren ebenso aufwändigen wie ansehnlichen Blendengliederungen trägt die Jahreszahl 1887 über dem Portal. Diese Inschrift verweist sicherlich auf die Vollendung der überaus stattlichen Doppelturmfassade, denn konsekriert wurden Kirche und Altar erst 1892.

Heller und weiter Raum trotz wuchtiger Säulen

Den in Aufbau und Schmuck, besonders sehenswert sind die Blendarkaden mit eingestellten Säulenpaaren über dem Hauptportal und die gekuppelten Fenster an den Türmen, an Vorbildern der rheinischen Romanik orientierten Entwurf lieferte der Architekt Gerhard August Fischer (▷ 28), ein in Barmen ansässiger Kirchenspezialist. Obwohl er für den überwiegenden Teil seines umfangreichen Werks gotische Stilformen wählte, zeigt die Boeler

Neuromanischer Schmuck am Seitenportal

Kirche eindrucksvoll, dass Fischer auch die Adaption romanischer Formen meisterhaft beherrschte.

Seit einer Umgestaltung im Jahre 1988 wirkt der Innenraum mit seinen wuchtigen Säulen und Bögen deutlich leichter als ursprünglich. In der weiten Vierung fand ein moderner Zelebrationsaltar seinen Platz näher an der Gemeinde. Bemerkenswert ist auch die aufwändige Gliederung der Apsiswände mit Diensten und schlanken Säulen, die Blendbögen über den modern gestalteten Fenstern tragen.

kath. Kirche St. Johannes Baptist

Boeler Kirchplatz
Hagen-Boele

Ö: Di bis So 9-12 Uhr
F: Führungen auf Anfrage möglich (02331-65421)
V: Gelegentlich Chorkonzerte (▷ Aushang)
P: Einige Parkplätze in der Umgebung
G: Gastronomie in der Nähe

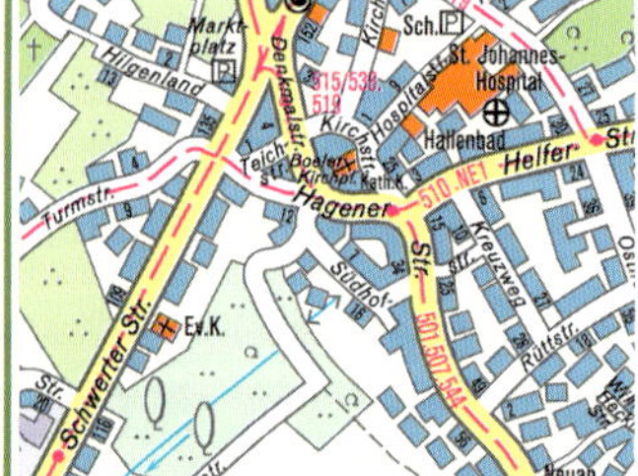

Hervorragend restauriert, die farbenfrohe expressionistische Ausmalung

3 Expressiv und monumental

Christ-König-Kirche in Hagen-Boelerheide

Drei Jahrzehnte nach seiner Gründung hatte der Kirchbauverein in Boelerheide endlich sein Ziel erreicht: Am 6. November 1927 kam Weihbischof Johannes Hillebrand aus Paderborn, um die eben fertiggestellte Christ-König-Kirche zu weihen. Zwar hatte der Verein bereits bis 1902 eine bescheidene Kapelle errichten können, und seit 1920 war die 1906 eingerichtete Filiale der Pfarrei Boele selbständig. Die mit Eifer verfolgten Bemühungen um eine „richtige" Kirche waren aber am Ausbruch des Ersten Weltkriegs gescheitert, die nachfolgende Inflation hatte das gesammelte Baukapital wertlos gemacht.

Dass die Kirche mit ihren teilweise lebhaft ornamentierten roten Backsteinfassaden heute zu den bedeutenden Sakralbauten der Zwischenkriegszeit in Westfalen zählt, ist der 1926 getroffenen, zukunftsweisenden Entscheidung der Gemeinde zu verdanken, die damals zugunsten eines am aufkommenden Backstein-Expressionismus orientierten Entwurfs des Hagener Architekten Peter

Wiehl ausfiel. Eine nur wenig frühere Zeichnung Wiehls zeigt noch eine sehr viel konventionellere Gestaltung mit Anklängen an Barockformen. Mit Blick auf diesen Vorentwurf erklärt sich auch die blockhafte Proportion der kreuzförmigen, dreischiffigen Hallenkirche. Um den monumentalen Neubau finanzieren zu können, erbaute man seinerzeit nur drei der ursprünglich fünf geplanten Achsen des Langhauses. Auch der hohe Glockenturm, den Wiehl in die Straßenfassade einbeziehen wollte, wurde nie realisiert.

Besonders beeindruckend ist der von einem wuchtigen Tonnengewölbe überspannte Innenraum mit seinen monumentalen Pfeilern und Bögen. Ganz offensichtlich hat sich der Architekt hier eng an frühchristlichen Bauten orientiert, um einen Bezug auf die christliche Urkirche zum Ausdruck zu bringen. Überaus originell ist die „dreischiffige" Unterteilung des baldachinartig überfangenen Chores: Zwei Paare trompetenartig gelängter Rundpfeiler formulieren ein in der Mitte halbtonnenförmiges und seitlich parabelbogiges, in Wanddiensten auslaufendes Gewölbe. Zu Triumphbogen

Backsteinkreuz und Christussymbol bekrönen die Straßenfassade

kath. Kirche Christus König

Overbergstraße
Hagen-Boelerheide

Ö: Kirchenschlüssel im Pfarrbüro erhältlich
P: Einige Parkplätze in der Nähe
G: Gastronomie in der Umgebung

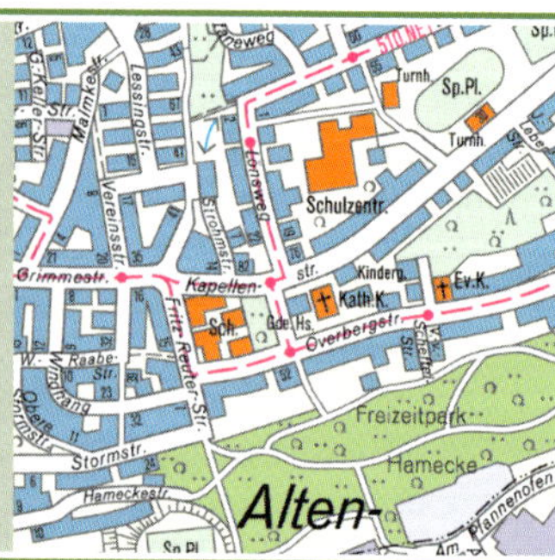

Backsteinornamente am Giebel des Seitenschiffs

und Vierung hin vereinigen sich diese Gewölbeteile zum Ausschnitt einer Halbkuppel. Die beeindruckende Expressivität des Altarraumes findet ihre Entsprechung in der 1989 restaurierten ausdrucksvollen Ausmalung des gesamten Raumes. Dieses expressionistische Farbkonzept von 1927/28, ornamental an Pfeilern und Bögen und mit figürlichen Darstellungen an Triumphbogen und Chorgewölbe ist eine sehr sehenswerte Rarität.

In der Nähe finden Sie:

» Die 1871-72 erbaute ev. Kirche in Boele, eine strenge neuromanische Saalkirche aus Ruhrsandsteinquadern, ist nach dem lutherischen Pfarrer Philipp Nicolai benannt, der, während der Gegenreformation aus seiner Pfarrstelle in Herdecke vertrieben, in Köln im Untergrund wirkte (Schwerter Straße 124).

» Das Familienbad am Ufer des Hengsteysees verspricht sportliche und erholsame Sonnenstunden, auch für das leibliche Wohl ist gesorgt (Seestr. 4, ab Mai: Fr bis Di 9-19 Uhr, Mi, Do 8-20 Uhr, Info: 02331-3679437, www.hagenbad.de).

» Auch die unter Dortmund-Syburg, Hagen-Mitte, Herdecke und Wetter (Ruhr) genannten Tipps, so der Hengsteysee mit seinen Freizeitangeboten (▷ S. 15), sind von hier aus gut zu erreichen.

4 Hoffnung, Freude und Erlösung

Die ev. Lutherkirche in Hagen-Mitte

Während die meisten Hagener Sakralbauten der Nachkriegszeit recht konservativ blieben, entwarf der Hamburger Architekt Gerhard Langmaack gemeinsam mit seinem Sohn Dieter bis 1960 für die ev. Kirchengemeinde in der Innenstadt einen Neubau von beachtlicher Modernität, der weit über Hagen hinaus Maßstäbe setzt. Die neugotische erste Lutherkirche (1886-89, Julius Zeissig, Leipzig), war im Krieg so schwer beschädigt worden, dass die Gemeinde sich gegen einen Wiederaufbau in alter Form entschied. Lediglich im Turm der 1962 eröffneten neuen Lutherkirche findet sich noch heute der Stumpf des alten Glockenturmes, den Langmaack mit rotem Klinkermauerwerk ummantelte und durch einen laternenartigen Aufbau in der Tradition des Stockholmer Stadthauses bekrönte.

Alter Turm in neuem Gewand

Mit dem Turm nur durch einen flachen Kapellentrakt verbunden, rückte der Architekt das Langhaus in die Tiefe des Grundstücks und schuf so Raum für Gemeindehaus und Vorplatz. Deutlicher noch als der Turm schöpft das gelb verklinkerte Langhaus seine sakrale Würde aus gänzlich neuen Ideen. Langmaack, der längere Zeit in Finnland gearbeitet hatte und dort wesentlich durch die Strömungen der skandinavischen Moderne geprägt worden war, entwickelte diesen Bau aus einem unregelmäßig trapezförmigen Grundriss. Die zum Chor hin kühn ansteigende Dachlinie ist geradezu zeichenhaft.

Ihre Entsprechung findet diese plastische Form im Inneren: Der Raum weitet sich zum Chor hin, am Übergang zum Altarbereich schwingen die Seitenwände elegant ein und auch die leicht vorgewölbte Chorrückwand ist Teil dieser Gegenbewegung. In weitgehendem Verzicht auf rechte Winkel bezieht Langmaacks Entwurf sich auf die zeitgenössische Strömung der organischen Architektur, die durch Aufnahme naturhafter Formen die Architektur zu harmonisieren suchte. Die ebenfalls elegant geschwungene, dunkle Holzdecke bildet einen schönen Kontrast zu den hellen Tönen der Ausstattung und der schlicht weiß gekälkten Ziegelwände. Obwohl die kulissenhafte Wandführung den Altarraum wirkungsvoll betont, versinnbildlicht der Gesamtraum die Einheit der Gemeinde im Gottesdienst.

Eindrucksvoll ist das Spiel des farbigen Lichtes, das durch je neun, tief in den Seitenwänden liegende Bleiglasfenster in den Chorraum fällt. Die weitgehend abstrakten, flammenförmigen und -farbigen Motive entwarf der Künstler Karl Hellwig aus Gevelsberg. Während das große Betonglasfenster im Foyer das Flammenmeer des Krieges zum Thema hat, symbolisieren die Chorfenster das Pfingstwunder. So folgt für den Betrachter auf den Kriegsschrecken beim Betreten des Kirchenraumes Hoffnung, Freude und Erlösung.

Farbiges Lichtspiel in der Lutherkirche

ev. Lutherkirche

Martin-Luther-Straße 3
Hagen-Mitte

Ö: Mo bis Fr 9-15 Uhr
F: Führungen auf Anfrage möglich (02331-182799).
V: Regelmäßige Konzerte (Klangkosmos)
P: Parkhaus in der Nähe
G: Gastronomie in der Umgebung

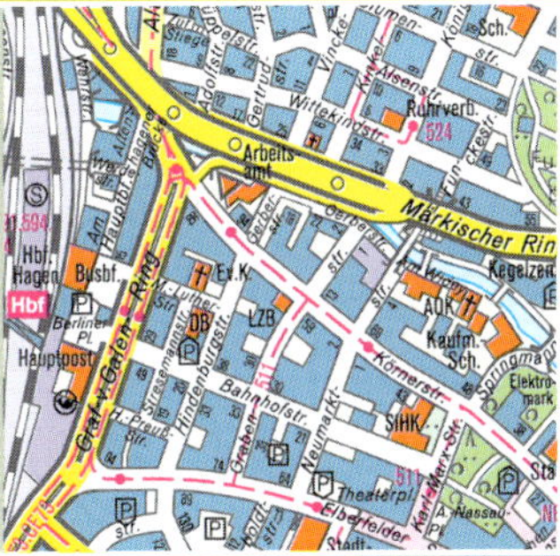

Strahlenmadonna im Mittelschiff der Marienkirche

5 Trotz schwerer Kriegsschäden

St. Marien in Hagen-Mitte

Der Streit um die Johanniskirche (▷ 7), bis zur Reformation 1554 die katholische Pfarrkirche Hagens, endete erst 1672 unter Einfluss des Großen Kurfürsten. Mit dessen Abfindung konnte die katholische Gemeinde im Jahr 1694 endlich, auf einem von den Lutheranern überlassenen Grundstück an der heutigen Mittelstraße, den Grundstein für ein eigenes Gotteshaus legen. Im Jahr 1825 war dieses bescheidene Kirchlein allerdings schon so baufällig, dass, nur einen Tag vor dem „Weißen Sonntag", das Gewölbe einstürzte. Bereits im folgenden Jahr nahm die Gemeinde einen größeren Neubau mit einer stattlichen Doppelturmfassade in Angriff. Diese 1829 geweihte, klassizistische Kirche wurde unter anderem aus den von König Friedrich Wilhelm III. gestifteten Steinen der alten Herdecker Ruhrbrücke gefügt. Im späten 19. Jahrhundert war die Zahl der Katholiken in Hagen, um 1672 waren es gerade mal 300 Seelen, durch Zuwanderung soweit angestiegen, dass erneut ein größerer Neubau nötig war. Man erwarb 1891 von der Familie Osthaus das heutige Grundstück an der Hochstraße und beauftragte den Architekten Caspar Clemens Pickel (▷ 63) mit dem Entwurf. Mit beinahe 68 Metern Länge, 20 Metern Höhe im Mittelschiff, einer Querhausbreite von rund 30 Metern und einem ebenso reichlich wie kunstvoll mit „gotischem Zierrat" versehenen, über 90 Meter hohen Turm gehört die Marienkirche zu den größten Bauten Pickels, der später auch noch die katholischen Kirchen in Eilpe und Wehringhausen planen sollte. Der Düsseldorfer Architekt, der 1876 das Atelier seines vormaligen Chefs August Rincklake (▷ 48) übernommen hat-

Kunstvolles Glasbild der 1960er Jahre

Nur von oben zu überblicken, die stattlichen Ausmaße der Marienkirche

te, gehört zu den angesehensten Vertretern des akademischen Historismus. Im Gegensatz zu vielen Baumeistern jener Zeit, die Stilformen frei und oftmals ohne Rücksicht auf deren Stimmigkeit vermischten, orientierten sich die Vertreter der akademischen Richtung enger an den – zuvor intensiv studierten – historischen Vorbildern.

Trotz schwerer Kriegsschäden bis 1954 sehr nahe am Original wieder aufgebaut und bis 1994 mit großem Aufwand restauriert, ist der imposante Raumeindruck der ausgezeichnet proportionierten, dreischiffigen Hallenkirche heute noch gut erlebbar, wenn auch die ursprüngliche Farbgebung und Ausstattung nicht erhalten sind. Neben modernen Fenstern, die Farbbilder des Werler Glasmalers Egbert Lammers aus den 1960er Jahren wurden 1987 um neue Querschifffenster ergänzt, finden sich auch einige beachtenswerte alte Kunstwerke: So der frühbarocke Hauptaltar mit einem Bild des hl. Liborius, Patron der Stadt und des Erzbistums Paderborn, der einst als Seitenaltar des dortigen Domes gedient hatte, eine spätgotische Madonna aus der Schule des berühmten Bildschnitzers Veit Stoß (um 1500) und die barocke Doppelmadonna „Maria vom Sieg" (18.Jh.) im mittleren Joch des Hauptschiffs.

kath. Kirche St. Marien

Hochstraße
Hagen-Mitte
www.st-marien-hagen-mitte.de

Ö: Täglich 9-12 und 15-18 Uhr
V: Mittwochskonzerte und Vorträge (▷ www)
P: Parkhaus in der Nähe
G: Gastronomie in der Innenstadt

Mit Davidstern und siebenarmigem Leuchter – die Synagoge an der Volme

6 Zeichen der Hoffnung im Nachkriegsdeutschland

Die Synagoge in Hagen-Mitte

In der Nacht auf den 10. November 1938 brannte auch die Hagener Synagoge, Türen und Fenster wurden eingeschlagen und die verbliebene Inneneinrichtung demoliert. Wie im gesamten deutschen Reich zogen Nationalsozialisten und deren Sympathisanten in den frühen Morgenstunden dieser Pogromnacht marodierend und brandschatzend durch die Straßen der Stadt, griffen jüdische Mitbürger in deren Wohnungen an, plünderten und zerstörten Geschäfte und Mobiliar. Die Polizei blieb untätig und ignorierte die menschenverachtenden Übergriffe.

Von der in jener Nacht geschändeten Synagoge am Volmeufer ist heute nichts mehr zu sehen. Was die antisemitische Gewaltaktion von dem 1856-59 erbauten und im Jahr 1895 durchgreifend umgestalteten Gotteshaus mit seiner stattlichen, rundfenstergeschmückten Doppelturmfassade übriggelassen hatte, fiel den Luftangriffen des Zweiten Weltkriegs zum Opfer, 1945 standen nur noch Reste der Außenmauern.

Bereits ein Jahr nach Kriegsende begann die Stadt Hagen mit Überlegungen zum Wiederaufbau der Synagoge. Die Planungen zogen sich hin, aber am 3. September 1950 konnte die 1854 gegründete Jüdische Kultusgemeinde den ersten Bauabschnitt des noch heute erhaltenen Gemeindehauses an der Potthoffstraße 14 einweihen. Die Pläne für diesen multifunktionalen Bau, dessen Gestaltung zeittypisch schlicht blieb, zeichnete der Architekt Günther Oberste-Berghaus, 1946 als Stadtbaurat nach Hagen zurückgekehrt. Neben einem Gottesdienstraum waren zunächst auch ein Schulraum, Büros und Wohnungen für Gemeindemitglieder vorgesehen. Noch während des Baus wurde die Planung geändert und im erst 1951 fertiggestellten Obergeschoss entstanden auf Wunsch der jüdischen Gemeinde auch ein Bade- und Massageraum sowie eine Sauna.

Die heutige Synagoge, ein zur Volme hin halbrund geschlossener, von einem flachen, kegelförmigen Kupferdach bekrönter Bau im Stil der 1950er Jahre, konnte die Gemeinde am 18. September 1960 einweihen. Dass jüdischer Glaube und jüdisches Leben so bald nach Ende des Dritten Reichs wieder ihren festen Platz in der Stadt einnahmen, war und ist ein Zeichen der Hoffnung für Deutschland. Bereits den 1938 zerschlagenen Scheiben im Rundfenster der alten Synagoge war eine Frage eingeschrieben, die man nur bejahen kann: „Haben wir nicht alle einen Vater, hat uns nicht ein Gott geschaffen?"

Synagoge

Potthofstraße 14-16
Hagen-Mitte

Ö: Außerhalb der Gottesdienste nicht zugänglich
F: Führungen auf Anfrage möglich (02331-13289)
P: Wenige Parkplätze in der Nähe
G: Gastronomie in der Umgebung

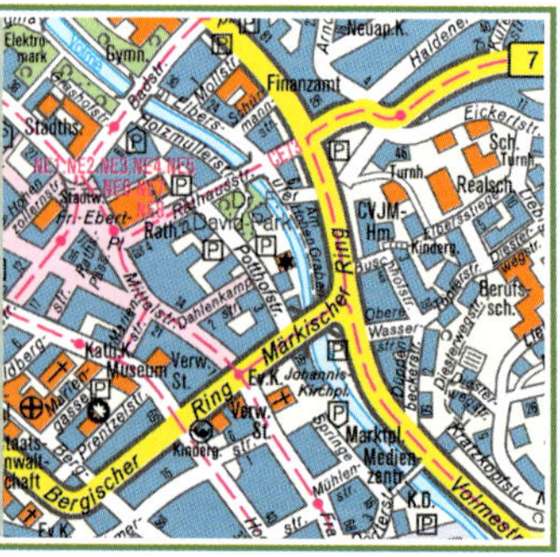

7 Ursprung kirchlichen Lebens in Hagen

Die ev. Johanniskirche in Hagen-Springe

Ihrem Ursprung nach ist die Johanniskirche das älteste Gotteshaus in Hagen. Eine erste, noch hölzerne Kirche unter dem Patronat der römischen Märtyrer Gervasius und Protasius soll hier, in der Talaue der Volme, bereits in der Zeit Karl des Großen erbaut worden sein. Diese „Urpfarre", aus der um 950 die Töchter in Lüdenscheid, Schwelm und Elsey (▷ 10) hervorgingen, entstand wohl im Zusammenhang mit einem Königshof, bereits 1089 wird hier ein Pfarrer urkundlich bezeugt. Nach der Mitte des 12. Jahrhunderts, so haben Grabungen nachgewiesen, ersetzte man die Holzkirche durch eine kreuzförmige romanische Basilika, als deren Schutzheilige Papst Urban und der hl. Georg galten. Ein Figurentaufstein aus jener Zeit befindet sich bis heute im Märkischen Museum auf der Burg Altena. Die romanische Basilika hatte Bestand, bis der aus Tirol stammende und in Soest ansässige Baumeister Georg Eggert 1748-50 eine neue, größere, dreischiffige Hallenkirche in schlichten Barockformen erbaute. Der romanische Turm wurde sogar erst 1903-04 durch eine neue Schaufassade mit spitzhelmbekröntem Turm und Taufkapelle ersetzt (Architekt: Walter Fischer, Hagen). Im Gegensatz zu Langhaus und Chor bruchsteinsichtig, ist dieser repräsentative Vorbau nach wie vor auch stilistisch leicht

„Junge" Schaufassade mit Taufkapelle und Turm

als spätere Zutat erkennbar, obwohl die gesamte Kirche nach schwersten Kriegsschäden bis 1951 wiederaufgebaut werden musste (Adolf Schulz, Bielefeld).

Von Barock keine Spur mehr

Der spitze Turmhelm wurde sogar erst 1980 wieder aufgesetzt.

Bereits 1543 war Pfarrer Theodor Nicolai mit einem Großteil der Hagener Gemeinde zum Luthertum übergetreten. 1550 wurde er jedoch verjagt, so dass erst Pastor Johannes G. Wippermann im Jahre 1554 die neue Lehre dauerhaft etablieren konnte. Ein 1954 rekonstruierter Gedenkstein zwischen Kanzel und Sakristei erinnert bis heute an ihn.

Die barocke Innenausstattung, Orgel (▷ 15) und der Kanzelaltar wurden im Zweiten Weltkrieg zerstört, die heutigen Prinzipalstücke schuf der Bielefelder Kirchenkünstler Prof. Arnold Rickert bis 1951 in traditionellen Formen. Den Entwurf für das große Chorfenster lieferte Paul Thol aus Gelsenkirchen, ein Künstler, der in der Nachkriegszeit an der Ausstattung vieler historischer Kirchen im südlichen Westfalen mitgewirkt hat (▷ 17, 28). Ährengarben, Reben und Engelfiguren mit Kelchen verbildlichen die Bedeutung des Abendmahls mit Brot und Wein. Die große Fensterrose in der Turmfassade gestaltete der Hagener Leo Janischowsky 1992 in Alabaster nach dem Christuswort „Ich bin das Licht der Welt".

ev. Johanniskirche

Johanniskirchplatz
Hagen-Mitte (Springe)

Ö: Außerhalb der Gottesdienste nicht zugänglich
F: Führungen auf Anfrage möglich (02331-28968)
V: Regelmäßig Konzerte
P: Keine Parkplätze vor Ort
G: Gastronomie in der Umgebung

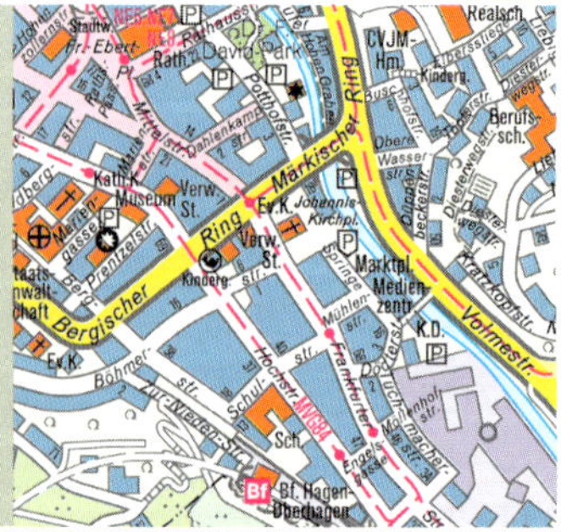

In der Nähe finden Sie:

» Direkt neben der Marienkirche liegt das nach dem Initiator des „Hagener Impulses" benannte Karl-Ernst-Osthaus-Museum. Neben der Geschichte dieser nach 1900 weit über Hagen hinaus bedeutenden Reformbewegung in Kunst, Architektur und Design zeigt das Museum auch wechselnde Ausstellungen moderner und aktueller Kunst (Hochstraße 73, Di bis So 11-18 Uhr, Do bis 20 Uhr, Info: 02331-2073138, www.keom.de). Hier erhalten Sie auch weitere Informationen zu den sehenswerten Bauten des „Hagener Impulses" im Stadtgebiet (⊳ S. 40).

» Nur wenige Schritte von der Lutherkirche entfernt, liegt der schöne, 1908-10 in Neubarock- und Jugendstilformen erbaute Hagener Hauptbahnhof: über dem Haupteingang das erste Werk des prominenten Glasmalers Johan Thorn-Prikker (Berliner Platz, ca. 1 min zu Fuß).

» Wer nahe der Innenstadt Spaß und Erfrischung sucht, ist im Freibad Ischeland richtig, auch Beach-Volleyball, Basket- und Fußball sind hier im Angebot. Von September bis April kommt einfach ein Dach aufs Becken, und in der Schlittschuhsaison eröffnet nebenan ein Eisgarten (Stadionstraße 9, ca. 10 min mit dem Auto, Mo bis Do 7-19 Uhr, Sa, So 9-18 Uhr, Info: 02331-882147, www.hagenbad.de).

» Ganz in der Nähe des Freibads finden Sie die 1964 eingeweihte Markuskirche. Wie die Lutherkirche ist auch dieser ausdrucksvoll moderne Bau ein Werk des Hamburger Kirchenarchitekten Gerhard Langmaack (Rheinstraße 26).

» Seit 1955 kann man in der Volkssternwarte Hagen neben dem Eugen-Richter-Turm seinen Blick in die Sterne schweifen lassen (Elsa-Brandström-Weg, Mi 19-21 Uhr, April – Sept. auch So 14-16 Uhr, Info: 02331-590790, www.sternwarte-hagen.de).

» Dass die Geschichte der Stadt und Region alles andere als langweilig ist, beweist das Stadtmuseum, auch mit spannenden Wechselausstellungen (Eilper Straße 71-75, Di bis So 11-18 Uhr, Info: 02331-2072740).

» Im Westfälischen Freilichtmuseum können Sie Leben, Handwerk und Technik früherer Zeiten in alten Häusern und Werkstätten nacherleben (Mäckingerbach, ca. 15 min mit dem Auto, April – Okt.: Di bis So 9-18 Uhr, Info: 02331-78070, www.freilichtmuseum-hagen.de).

Westfälisches Freilichtmuseum

» Von hier aus können Sie Ihre Tour auch direkt über Hagen-Vorhalle nach Herdecke und Wetter (Ruhr) fortsetzen.

Barocke Illusion von Himmel

8 Zum Himmel empor

Die ev. reformierte Kirche in Hagen-Hohenlimburg

Bevor Landesherr Moritz Casimir zu Bentheim-Tecklenburg als weithin sichtbares Zeichen der Blüte seiner kleinen Grafschaft eine neue Kirche in der Freiheit Limburg erbauen ließ, entstand 1731 zunächst ein kleinerer Testbau im benachbarten Berchum. Wie die, erst 1749-51 für die 1611 gegründete reformierte Gemeinde Hohenlimburg erbaute, größere Kirche folgte bereits die kleine Schwester als chorlose rechteckige Saalkirche einem verbreiteten reformierten Bautyp. Beiden gemeinsam ist auch eine Gliederung der Bruchsteinfassaden, die sich im Stile des bergischen Barocks auf eine Eckquaderung und hohe Rundbogenfenster beschränkt. Die Hohenlimburger Kirche erhielt wegen der größeren Höhe ihrer Fassaden in jeder Fensterachse zusätzlich noch eine werksteingerahmte Rechteckblende. Der das Kirchendach zunächst nur um ein Glockengeschoss überragende Westturm wurde 1865-66 um ein weiteres Geschoss aufgestockt: Eine quasi vorausgreifende Reaktion auf den Bau der katholischen Kirche im Weinhof 1863-64, die ihren hohen neugotischen Spitzhelm allerdings erst 1884-85 erhielt. Das Turmgeschoss der reformierten Kirche entwarf der Maurermeister Dietrich Liesenhoff aus (Iserlohn-) Oestrich, die nur zwei Jahre später von ihm geplante Synagoge an der Jahnstraße zeigt einen sehr ähnlichen Vorhangfries (▷ 9). Das Wetteifern um den höchsten Turm der Stadt hatte aber erst 1898-99 mit dem Aufsetzen des, heute kupferbeschlagenen, neubarocken Helmes ein Ende. Im Verhältnis zum Baukörper wirkt der Turm der reformierten Kirche seither etwas überproportioniert.

Stolzer Turm am Volmeufer

Im Gegensatz zum schlichten Äußeren wirkt der Innenraum sehr festlich. Vor allem der in der Mitte der Ostwand positionierte Predigtstuhl und der gegenüber-

Predigtstuhl unter gräflichem Wappen

liegende, ebenso reichlich mit Schnitzwerk und Blattgold verzierte Orgelprospekt tragen zur Feierlichkeit des sonst weitgehend schmucklosen Raumes bei. Den Höhepunkt bildet aber die komplett bemalte hölzerne Spiegeldecke. Der Hofmaler J. J. Kleiner schuf hier die perfekte Illusion einer umlaufenden Galerie, die den Blick in den offenen Himmel freigibt. Von Balustraden und Wölkchen blicken Putten neugierig auf die versammelte Gemeinde herab. Die farbenfrohe Pracht dieser Illusionsmalerei ist, obwohl sie auf typisch katholische Glorienszenen verzichtet, für eine calvinistische Kirche mehr als unüblich und weit über die Region hinaus einzigartig. In der Reformationszeit galten gerade die Calvinisten, die das biblische Bilderverbot sehr ernst nahmen, als „Bilderstürmer“. Als Initiator der Malerei kann man wohl den lebensfroher barocker Prachtentfaltung sehr zugeneigten Grafen Moritz Casimir I. vermuten, dessen Wappen man über der Kanzel findet. Der Landesherr hatte seinerzeit auch sein Schloss Hohenlimburg dem Zeitgeist entsprechend prächtig ausbauen lassen.

ev. reformierte Kirche Hohenlimburg

Freiheitstraße 35
Hagen-Hohenlimburg

Ö: Mo bis Fr 10-12:30, 15-18 Uhr, Sa 10-12:30 Uhr (Schlüssel im Eine-Welt-Laden gegenüber)
F: Führungen auf Anfrage möglich (02334-2471)
P: Parkplätze und -häuser am Rande der Altstadt
G: Gastronomie in der Umgebung

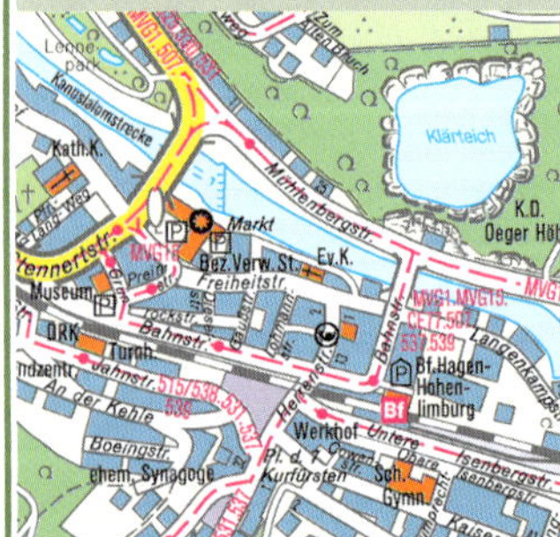

9 Auch ein Denkmal für Toleranz

Die ehemalige Synagoge in Hagen-Hohenlimburg

Der Neubau dieser kleinen Synagoge an Stelle eines bereits 1782 erbauten Vorgängers bedeutete für die jüdische Gemeinde Hohenlimburgs, der 1865 gerade mal 24 Familien angehörten, einen finanziellen Kraftakt. Dass die katholischen und evangelischen Christen in Elsey und Hohenlimburg seinerzeit mit 1.000 Talern etwa ein Drittel der Baukosten beisteuerten, mag zunächst verwundern. Es zeigt aber, dass friedliches, tolerantes und von aktiver Nächstenliebe getragenes Zusammenleben von Christen und Juden eine lange und noch heute beispielhafte Tradition hat.

Trotz seiner bescheidenen Größe entstand so 1868-70 auf einem Hangabsatz hinter älterer Bebauung ein schmucker Kultbau

Etwas versteckt – die ehemalige Synagoge in Hohenlimburg

nach Entwürfen des Maurermeisters Dietrich Liesenhoff (▷ 8). Der kubische Putzbau im Rundbogenstil ist mit Ecklisenen und einem umlaufenden Vorhangfries verziert. Die nördliche Eingangsseite ist durch profilierte Fensterlaibungen und ein pilastergerahmtes, von einem Muschelornament bekröntes Portal als Schaufassade ausgearbeitet. Die polygonale Apsis an der Ostseite enthielt einst die Thoranische, die beiden flankierenden Rundbogenfenster zeigen heute noch die ursprüngliche Teilung. Die Frauenempore mit separatem Zugang an der Westseite wurde rekonstruiert.

Am 10. November 1938 zerstörten Nationalsozialisten und Sympathisanten am hellen Tage Fenster, Dach und Einrichtung. Auch die Davidsterne auf dem Dach und am Eisenzaun zur Jahnstraße wurden abgerissen, die alten Nietpunkte sind heute noch zu erkennen. Die Gemeinde wurde gezwungen, die Synagoge und das benachbarte, ebenfalls demolierte Schulhaus zu verkaufen. Fortan diente das Gotteshaus mit einer eingezogenen Zwischendecke als Fabrik und Lager, ausgerechnet in der Thoranische wurden sanitäre Anlagen installiert. Die jüdische Bevölkerung Hohenlimburgs wurde 1942 deportiert.

Der Verfall der alten Synagoge konnte nach einem weiteren Brand im Jahr 1975 dank des Engagements einer Bürgerinitiative gestoppt werden. Seit ihrer Wiederherstellung 1986 dient sie als Mahn- und Gedenkstätte, die Ausstellung „Lebendiges Judentum" erläutert anschaulich Aspekte jüdischen Glaubens, Alltagslebens sowie der wichtigsten Feste und Feiertage.

ehemalige Synagoge Hohenlimburg

Jahnstraße 44
Hagen-Hohenlimburg

Ö: Jeden 1. Sa im Monat 15-17 Uhr (außer Ferienzeit)
F: Führungen auf Anfrage möglich (02331-3403998)
V: Dauerausstellung „Lebendiges Judentum", regelmäßig Konzerte, Vorträge etc.
P: Wenige Parkplätze in der Nähe
G: Gastronomie in der Umgebung

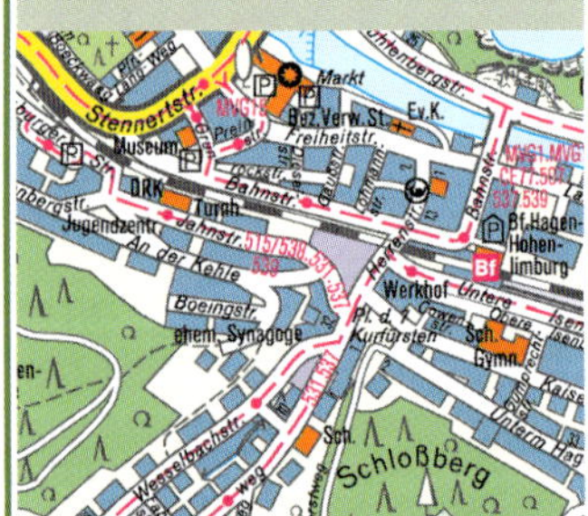

10 Endlich Platz für Orgel und Heizung

Die ev. Stiftskirche in Hagen-Elsey

Die eigentümliche Form der altehrwürdigen Elseyer Stiftskirche ist durch ihre additive Bauweise zu erklären. Seit dem 13. Jahrhundert wurde die Kirche mehrfach um neue Bauteile erweitert, die einzelnen Phasen sind heute noch relativ leicht ablesbar.

Als die Elseyer Gemeinde sich um 950 mit Lüdenscheid und Schwelm von der Urpfarre Hagen (▷ 7) löste, dürfte hier bereits eine Kirche bestanden haben. Auf deren Entstehung im 9. Jahrhundert könnten die einstigen Kirchenpatrone St. Sebastian und St. Fabian hinweisen. Im Lennetal unterhalb der Kirche entstand, wohl Ende des 12. Jahrhunderts, ein um 1223 erstmals beurkundetes Prämonstratenser-Doppelkloster unter dem Patronat der hl. Maria. Der Neubau der Kirche im 13. Jahrhundert, die romanische Hallenkirche bildet bis heute das Langhaus der Stiftskirche, ist offensichtlich eine Folge der Klostergründung. Seit Anfang des 14. Jahrhunderts ein reines Nonnenkloster, wurde dieses im 15. Jahrhundert in ein freiweltliches Damenstift umgewandelt, das nach der Säkularisation 1811 aufgelöst wurde. Nach der Reformation blieben Stift und Kirche lutherisch, im Gegensatz zur reformierten Gemeinde in Hohenlimburg. Dem Konvent gehörten aber immer auch katholische und reformierte Stiftsdamen an.

Im Jahr 1751 wurde der romanische Turm, wohl in Konkurrenz zur gerade eingeweihten Kirche

Kunstschätze und drangvolle Enge

in Hohenlimburg (▷ 8), um das heutige Glockengeschoss und die schöne welsche Haube erhöht. 1838-39 verlängerte man den Chor, um Platz für eine neue Orgel

Eine eigenwillige Schönheit – die Elseyer Stiftskirche

zu schaffen. Doch auch dieser Raumgewinn war nie sehr befriedigend, so dass der Barmer Architekt Gerhard August Fischer (▷ 28) im Jahre 1880 einen eigenwilligen Erweiterungsvorschlag unterbreitete, der 1881-82 ausgeführt wurde. Er prägt bis heute die Gestalt der Stiftskirche. So entstand nicht nur der Anbau an der Südseite des Chores, der den romanischen Querarm einbezog und Platz für die Orgel und eine neue Heizungsanlage bot. Fischer schuf auch die neugotischen Gewölbe und Spitzbogenfenster im Chor, legte die südliche Empore an – eine nördliche war bereits vorhanden – und reduzierte die wuchtigen Langhauspfeiler zugunsten einer besseren Sichtbarkeit des Altars um ihre ursprünglichen Vorlagen und Kapitelle.

Nach wie vor ist der ungewöhnliche Raumeindruck wesentlich durch die Umbauten Fischers geprägt, man kann sich aber heute noch leicht vorstellen, wie eng die romanische Hallenkirche mit ihren einst noch massiveren Pfeilern gewirkt haben muss.

Von der Vielzahl sehenswerter Ausstattungsstücke seien nur die wichtigsten genannt: Neben Totenschilden von Stiftsdamen und Pfarrern des 17. bis 19. Jahrhunderts an den Außenwänden sind dies innen vor allem das reich verzierte Epitaph des Landesherrn Graf Conrad Gumprechts (1619), ein weiteres gemaltes Barockepitaph (1636) und das ehemalige Altarbild (1691) in der Turmhalle. Bemerkenswert sind auch die von Kaiser Wilhelm I. geschenkten neugotischen Chorfenster, 1885 vom Königlichen Institut für Glasmalerei (Berlin-) Charlottenburg mit Darstellungen Christi als Weltenrichter, Moses und des Gottvaters sowie der Apostel Petrus und Paulus ausgeführt.

ev. Stiftskirche St. Marien

Elseyer Kirchplatz
Hagen-Elsey

Ö: Außerhalb der Gottesdienste nicht zugänglich
F: Führungen auf Anfrage möglich (02334-4877)
V: Gelegentlich Konzerte in der Kirche
P: Einige Parkplätze vor Ort
G: Gastronomie in der Umgebung

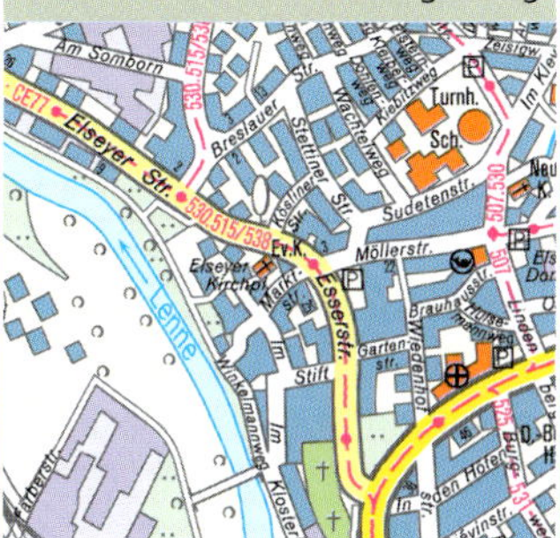

In der Nähe finden Sie:

- 1863-64 wurde die kath. Kirche St. Bonifatius erbaut (Arnold Güldenpfennig, Paderborn), der neugotische Turm folgte erst 1884-85 (Gerhard August Fischer, Barmen). (Im Weinhof, ca. 5 min zu Fuß von der reformierten Kirche.)
- Ursprung des Schloss Hohenlimburg ist eine um 1240 von Dietrich von Isenberg (▷ S. 179) erbaute Burg. Seit 1592 ist die Anlage im Besitz des Hauses Bentheim, die es im 18. Jh. zum Residenzschloss ausbaute. Eine Attraktion des Schlossmuseums in den historischen Räumen ist die mumifizierte „schwarze Hand" (Alter Schloßweg 30, April – Sept.: Di bis So 10-18 Uhr, sonst Sa 14-17 Uhr, So 11-17 Uhr, Info: 02334-2771, www.schloss-hohenlimburg.de). Für das leibliche Wohl sorgt das Schlossrestaurant (Mo, Do Ruhetag).
- Ebenfalls im Schloss beheimatet ist das Deutsche Kaltwalzmuseum, das Geschichte, Technik und Produkte dieses regional bedeutenden Industriezweiges anschaulich präsentiert (Alter Schloßweg 30, April – Sept.: Di bis So 10-18 Uhr, März – Okt.: Di bis Fr 14-17 Uhr, Sa, So 11-17 Uhr, Info: 02334-2527).
- Der Märchenwald nahe der Raffenburg hat mit Autoscooter, Waldspielplatz und Gastronomie für große und kleine Kinder etwas zu bieten (Piepenbrink 65, März – Nov.: Di bis Sa 11-18 Uhr, So 10-19 Uhr, Info: 02334-42758).
- Die Raffenburg war vor ihrer Zerstörung 1288 nur wenige Jahrzehnte bewohnt. Ihre Lage hoch über der Lenne ist sehr idyllisch, die Ruine aber nicht leicht zu finden (Piepenbrink, ca. 15 min zu Fuß vom Schloss).
- Nahe der Synagoge bietet das Kulturzentrum „Werkhof" im 1906-08 erbauten Gasthaus der ehemaligen Schlossbrauerei, neben einem bunten Theater- und Musikprogramm auch eine nette Kneipe mit Speiseangebot (Herrenstraße 17, Info: www.werkhof-kulturzentrum.de).
- Auf dem Weg zurück ins Ruhrtal sollten Sie einen Abstecher zum Hohenhof im Ortsteil Emst machen. Die 1906-08 von Henry van de Velde für den Mäzen Karl Ernst Osthaus erbaute Villa, ein Kleinod des Jugendstils, ist zu besichtigen (Stirnband 10, ca. 10 min mit dem Auto, Di bis So 11-18 Uhr, Info: www.keom.de/hohenhof).
- Das Krematorium in Delstern, von Peter Behrens 1905-07 nach dem Vorbild der Florentiner Kirche San Miniato al Monte in streng geometrischen Jugendstilformen geschaffen, war das erste Krematorium in Preußen (Am Berghang 30, ca. 10 min mit dem Auto, Innenbesichtigung auf Anfrage 02331-2073131).
- Unterhalb der Elseyer Kirche finden Sie noch einige Kurienhäuser des freiweltlichen Damenstifts (Im Stift 25, 27, 31). Besonders sehenswert ist das inschriftlich auf 1789 datierte Stiftskurienhaus (Im Stift 35, ca. 1 min zu Fuß).
- Die 1731 erbaute Barockkirche in Berchum ist kleine Schwester und Vorbild der reformierten Kirche in Hohenlimburg (Berchumer Kirchplatz 5, ca. 15 min mit dem Auto).

11 Beispielhafte Neuromanik

Die Liebfrauenkirche in Hagen-Vorhalle

An der Ecke der Liebfrauenkirche erhebt sich eindrucksvoll der nach Vorbildern der rheinischen Romanik mit einem Rhombendach versehene Glockenturm über einen kleinen Platz. Während die dreischiffige Basilika bereits 1911-12 nach Plänen des Bochumer Architekten Carl Pinnekamp erbaut worden war, ist der Turm etwas jünger. Er konnte erst 1924 angefügt werden. Hier wie in Bochum, Herne, Essen, Gelsenkirchen und Recklinghausen zeigen die erhaltenen Sakralbauten Pinnekamps, dass der, durchaus zeittypisch, in den Jahren um

Hochaltar mit Scheibenkreuz und Wandmalerei sind sehenswert

den Ersten Weltkrieg den neuromanischen Stil bevorzugte. In der Wahl der Gesamtproportion zeigen seine Bauten ebenso wie in Details die sichere Hand eines talentierten Entwerfers.

Während bereits die Bossenquaderfassaden der Liebfrauenkirche eine sehr ansprechende, bis ins Detail erhaltene, plastische Durchgliederung zeigen, ist auch das Innere in seiner strengen neuromanischen Geschlossenheit sehr sehenswert. Mit dem Wechsel von eckigen Pfeilern und Rundsäulen mit reich ornamentierten Korbkapitellen, der Anlage von Mittel- und Seitenschiffen im gebundenen System und einem hohen Tonnengewölbe mit Stichkappen steht der querhauslose Bau ganz in der Tradition romanischer Basiliken. Die halbkreisförmige, halbkuppelüberwölbte Apsis ist fensterlos. In ihrem Mittelpunkt steht ein beeindruckend großer, reich vergoldeter und sehr eigenwilliger Hochaltar, bekrönt von einer Kreuzdarstellung in der Art romanischer Scheibenkreuze. Auch die 1934-37 von Arnold Carnot geschaffene Ausmalung des Obergadens ist bemerkenswert.

Schönes Beispiel später Neuromanik

kath. Liebfrauenkirche

Liebfrauenstraße 21
Hagen-Vorhalle

Ö: Tagsüber ist ein Vorraum zugänglich
P: Einige Parkplätze vor Ort

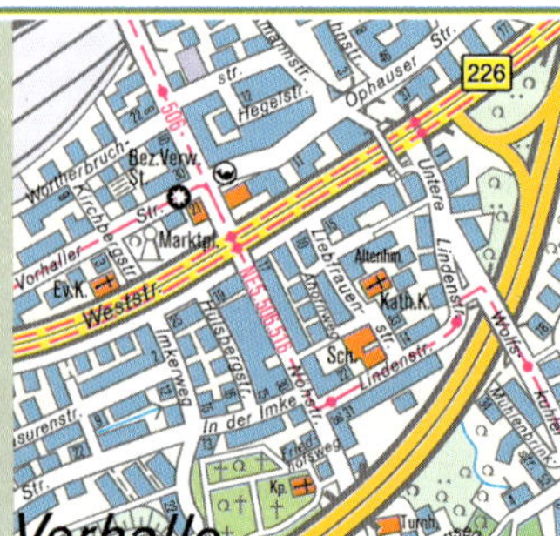

12 Wo Vögel Früchte picken

Die ev. Kreuzkirche in Hagen-Vorhalle

Die bereits äußerlich sehr stattliche und reichlich mit neugotischen Gliederungselementen versehene Kreuzkirche in Hagen-Vorhalle unterscheidet sich trotz ihrer, als dreischiffige Hallenkirche mit kurzen Kreuzarmen, seinerzeit weitverbreiteten Bauart, in einigen charakteristischen Besonderheiten deutlich von etwa zeitgleichen evangelischen Sakralbauten. Auch im Werk des seinerzeit im Rheinland und in Westfalen vielbeschäftigten Kirchenarchitekten Gerhard August Fischer (▷ 28) nimmt die 1902-03 erbaute Kirche in einigen Detaillösungen eine Sonderstellung ein. So fällt zunächst das über einem quadratischen Schaft oktogonal weitergeführte Glockengeschoss des Turmes auf, das seinerseits von vier kräftigen Ecktürmchen flankiert, in einem relativ stumpfen achteckigen Helm ausläuft. Während das Quadermauerwerk des Sockels kleine Fensterpaare zur Belichtung der Seitenschiffräume unter den Emporen zeigt, sind die oberen Wandflächen in hochgotischer Manier in große, zwei- bis vierbahnige Gruppenfenster mit Drei- und Vierpässen aufgelöst.

Moderner Altarblock zwischen schlanken Säulen

Weithin sichtbar – der Turm der Kreuzkirche

Auch das Innere der Emporenhalle zeigt einen weitaus aufwändigeren Aufbau als viele Kirchen des gleichen Typs. So sind die Seitenschiffjoche durch quer zur Längsachse des Baus verlaufende Spitztonnen überwölbt, während in Mittelschiff und Querarmen Kreuzrippengewölbe zu finden sind. Der in seiner Weite seinerzeit bereits recht einheitlich aufgefasste Raum ist ganz traditionell auf den dreiseitig geschlossenen und betont verjüngten Chor ausgerichtet. Der Triumphbogen wird – und diese Lösung ist ausgesprochen bemerkenswert – durch je zwei, von den wuchtigen Vierungspfeilern abgerückte, schlanke Säulenpaare getragen. Vier weitere Säulen im Chor selbst deuten eine Art hochgotischen Umgang an und bedingen so die hier sechsteilige Form des Rippengewölbes. In Vierung und Chor sind die Kapitelle reich ornamentiert: Blüten, Blätter und Früchte, an denen Vögel picken, preisen Gottes Schöpfung.

Die 1969 von dem Bildhauer Karl Hellwig geschaffenen Prinzipalstücke sind modern, der blockhafte Altar zeigt eine stark stili-

ev. Kreuzkirche

Kirchbergstraße 1-3
Hagen-Vorhalle

Ö: Außerhalb der Gottesdienste nicht zugänglich
F: Führungen auf Anfrage möglich (02331-301367)
V: Gelegentlich Konzerte in der Kirche
P: Einige Parkplätze vor Ort

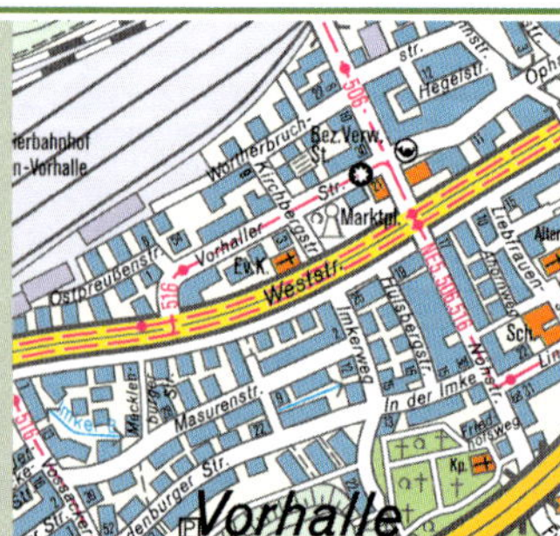

Filigran und sechsteilig – das Chorgewölbe

sierte Darstellung des letzten Abendmahls Jesu unter seinen Jüngern. Von Hellwig stammen auch das Hängekreuz nach der Idee des himmlischen Jerusalem und die abstrakten Chorfenster, die sich thematisch auf die Dreieinigkeit beziehen. Das letzte Großwerk des Künstlers ist das 1999 eingeweihte Bronzeportal im Turm, es interpretiert das Kreuz als Baum des Lebens.

In der Nähe finden Sie:

» Das Wasserschloss Werdringen liegt sehr romantisch in der Ruhraue. Es beherbergt ein Museum für Ur- und Frühgeschichte mit sehr eindrucksvollen Exponaten, so den ältesten Fossilien Westfalens, Urinsekten und Steingeräte der Neandertaler. Highlights sind die lebensnahen Modelle eines Dinosauriers und eines Mammuts. Gemütliche Gastronomie (Werdringen 1, Di bis So 10-17 Uhr, Info: 02331-3067266, www.museum-werdringen.de).

» Am Bahnhof Hagen-Vorhalle haben Sie Anschluss an die museale Ruhrtalbahn, die Sie mit historischen Loks und Wagen entlang der Ruhr bis nach Bochum-Dahlhausen bringt (Info: 01805-347362 (Mo bis Do 14-18 Uhr, 12 ct/min), www.ruhrtalbahn.de).

» 1869 zu Ehren des Reichsfreiherrn Heinrich Friedrich Karl vom und zum Stein erbaut, wartet der schmucke Neurenaissanceturm auf der Spitze des Kaisbergs noch auf seine Wiedererweckung (Fr.-vom-Stein-Straße).

» Der Harkortsee bietet mit Dampferfahrten, Minigolf, Freibad, Radwegen, Kanu- und Tretbootverleih Spaß und Erholung für jeden Geschmack (▷ S. 53).

» Während des Baus der Bahnstrecke von Hagen nach Herdecke 1877-80 wurde auch der schöne Bruchsteinviadukt über das Ruhrtal geschlagen (Ostende des Harkortsees).

» Sie können Ihre Tour nach Herdecke oder Volmarstein und Wetter (Ruhr) fortsetzen. Auch die dort jeweils genannten Tipps sind von hier aus gut zu erreichen.

St. Philippus und Jakobus in Herdecke

Herdecke

13 Neugotik in reicher Vielfalt

St. Philippus und Jakobus in Herdecke

Der Beginn kirchlichen Lebens in Herdecke fällt mit der Gründung des Kanonissenstiftes – wohl im frühen 9. Jahrhundert – zusammen, das auch als Keimzelle der Stadt selbst gilt. Die katholische Gemeinde hatte, betreut von den Stiftsgeistlichen, auch über die Reformation hinaus Bestand. Ihre Pfarrrechte büßte sie im 17. Jahrhundert jedoch ein und wurde Teil der Pfarrei (Hagen-) Boele (▷ 2). Erst 1847 erkannte die preussische Regierung das historische Recht der Herdecker wieder an. Zur Pfarrei gehörten seither auch die später abgepfarrten Orte (Hagen-) Vorhalle, Volmarstein und weitere Teile der heutigen Städte Wetter (Ruhr) und Witten sowie (Herdecke-) Ende und (Dortmund-) Syburg. Die um 1692 nördlich des heutigen Rathausplatzes erbaute Marienkapelle konnte der Größe und Bedeutung der Pfarrei natürlich nicht genügen. Obwohl bereits acht Jahre nach der Wiederbegründung Pläne für einen Kirchenneubau vorlagen, konnte der Grundstein erst 1861 gelegt werden.

Auf einem großzügigen Gelände nahe der Ruhr entstand dann in wenigen Jahren ein komplettes Pfarrzentrum. Kirche (1861-64), katholische Schule (1865-66, Wetterstraße 13) und Pfarrhaus (1868, Wetterstraße 15) stehen als Ensemble unter Denkmalschutz.

Den Entwurf für die dreischiffige neugotische Hallenkirche mit fünfseitigem Chorschluss hatte der seinerzeit an der Kölner Dombauhütte unter Zwirner (▷ 25) tätige Friedrich Schmidt (▷ 44, 63) geliefert. Für die Bauleitung holte man mit Gerhard August Fischer einen ebenso fähigen Architekten (▷ 28) nach Herdecke, da Schmidt bereits seit 1859 als Professor an der Wiener Kunstakademie wirkte. Das Talent dieser beiden hervorragenden Neugotiker zeigt sich nicht nur in der Gesamtproportion – die Kirche erscheint weitaus stattlicher, als sie tatsächlich ist – sondern auch in einer Vielzahl von Details. Das fein gegliederte Maßwerk ist so vielfältig, dass nur die sich gegenüberliegenden Fensterpaare Entsprechungen zeigen. Auch die Blattkapitelle der Säulen, die Konsolsteine der Dienste und die

Meisterwerk der Neugotik

Schlusssteine der Kreuzrippengewölbe sind jeweils individuell ausgearbeitet. Wenn auch der Altarraum 1959-63 und 1969 umgestaltete wurde, sind mit den Figuren der Kirchenpatrone, dem Kreuzweg und den Beichtstühlen, um nur einige zu nennen, auch Teile der neugotischen Ausstattung erhalten. Die Kanzel ist weitaus älter und stammt noch aus der Marienkapelle. Eine Renovierung bis 1989 brachte neben neuen Fenstern auch die ursprüngliche Farbigkeit der Bögen und Rippen wieder zu Tage.

Wer sich über die Marienfigur über dem fein ausgearbeiteten Hauptportal gewundert hat, dem sei erklärt, dass das seinerzeit vorgesehene Marienpatronat nicht von der Stiftskirche (▷ 14) auf die neue Pfarrkirche hatte übertragen werden können: Es gab im Dekanat bereits eine Marienkirche. So „beförderte" man kurzerhand die nur als Nebenpatrone gedachten Heiligen Philippus und Jakobus.

kath. Kirche St. Philippus und Jakobus

Wetterstraße 11
Herdecke

Ö: Tagsüber ist ein Vorraum zugänglich
F: Führungen auf Anfrage möglich (02330-2581 oder 2154)
V: Gelegentlich Vorträge in der Kirche
P: Wenige Parkplätze in der Umgebung
G: Gastronomie in der Umgebung

14 Aus karolingischer Zeit?

Die ev. Stiftskirche St. Marien in Herdecke

Die lange und verwickelte Baugeschichte der Stiftskirche in Herdecke nachzuzeichnen, würde nicht nur den Umfang dieses Abschnittes, sondern gleich des gesamten Buches sprengen. Die sicherlich meist debattierte Phase ist der heute nur noch in Spuren in den Fundamenten seiner Nachfolger zu findende Gründungsbau. Während die lokale Geschichtsschreibung den ersten Bau auf die Jahre kurz nach Gründung des Kanonissenstiftes 810 oder 819 durch Frederuna bestimmt wissen möchte, vermuten andere Experten eine deutlich spätere Entstehung. Wäre die frühe Datierung zu belegen, könnte die Konventskirche zu den karolingischen und damit ältesten Sakralbauten Westfalens gezählt werden. Einigermaßen unbestritten ist aber, dass diese erste Kirche die Gestalt einer dreischiffigen Basilika mit Westbau, Querhaus und drei Apsiden gehabt haben könnte. Auch für einen erheblichen Umbau im 12. Jahrhundert gibt es Spuren, der heutige Bau erscheint aber vor allem in der Gestalt einer massiven, dreijochigen Gewölbebasilika mit Rechteckchor der Spätromanik, vielleicht um 1230 begonnen. Vom 15. bis 19. Jahrhundert folgten zahlreiche weitere Maßnahmen. Besonders die Umgestaltung des Inneren 1884-86, der Bau des neuromanischen Westturms 1901-02 (beide Gerhard August Fischer, Barmen) und die von der Ideologie jener Zeit geprägte, purifizierende Restaurierung 1937-39 (Paul Petermeise, Hagen) trugen das Ihre zum heutigen Bild bei. Bedingt durch diese Vielzahl von Umbauten in mehr als tausend Jahren ist Bauforschung hier reine Detektivarbeit. Viele Thesen werden sich,

Schlicht und monumental – das Innere

mangels eindeutiger Spuren, wohl kaum mehr erhärten lassen.

Was auch immer noch ans Licht kommen wird, die altehrwürdige Kirche ist ausgesprochen sehenswert und dokumentiert gemeinsam mit der Bebauung des Stiftsplatzes aus dem 18. und 19. Jahrhundert anschaulich, dass das Damenstift, in dem übrigens nach der Reformation 1543 katholische, lutherische und reformierte adelige Stiftsdamen gleichberechtigt miteinander lebten, die Keimzelle der Stadt Herdecke bildet. Bis zur Säkularisation 1811/12 lag hier auf dem Stiftsberg das kirchliche wie weltliche Machtzentrum der Region.

Pittoresk – der Aufstieg zum Stiftsberg

Die jüngste, bewusst zurückhaltende Innenrestaurierung betont noch die schwere Strenge des Raumes, die Massivität der Pfeiler und die eindrucksvollen Dimensionen der Kreuzgratgewölbe im Mittelschiff. Die 1958-61 von dem Aachener Professor Walther Benner geschaffenen Fenster lehnen sich farblich wie stilistisch an romanische Vorbilder an, sie zeigen Szenen aus dem Alten wie Neuen Testament.

ev. Stiftskirche St. Marien

Kirchplatz 1
Herdecke

Ö: Do 10-12 Uhr
F: Führungen auf Anfrage möglich (02330-3136)
V: Gelegentlich Konzerte
P: Parkplätze rund um die Altstadt
G: Gastronomie in der Umgebung

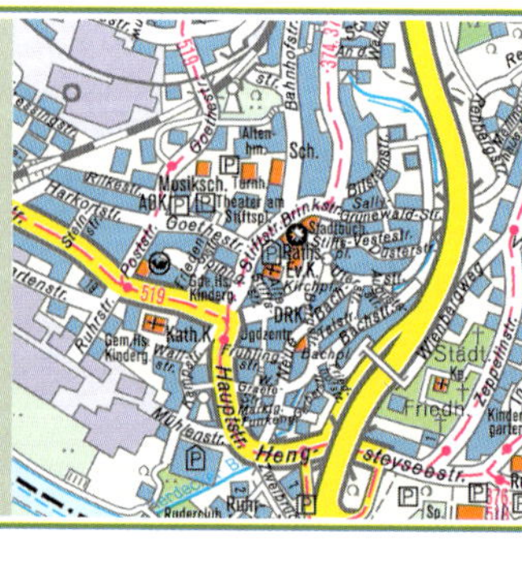

15 Christus zwischen Dorfkirche und Haus Mallinckrodt

Die ev. Dorfkirche in Herdecke-Ende

Hinter einer Häuserzeile verborgen, liegt, inmitten des alten Kirchhofs, die Dorfkirche Ende. Hier fanden bis vor etwa 150 Jahren die Bürger der Gemeinde ihre letzte Ruhestätte, woran zahlreiche historische Grabsteine unter der Kaiser- und der Bismarckeiche erinnern. Der älteste Stein stammt aus dem Jahr 1590.

Während der gedrungene romanische Turm wohl in die Frühzeit kirchlichen Lebens am Ort zurückweist – Kirchende wird erstmals 1229 im Güterverzeichnis des Herdecker Stiftes (▷ 14) erwähnt – entstand die bruchsteinerne Saalkirche mit dreiseitigem Chorabschluss erst in den Jahren 1756-59. Das Jahr der Einweihung kann man den Inschriften über den Hauptportalen entnehmen. Archäologische Untersuchungen haben erwiesen, dass der Vorgängerbau deutlich kleiner war, seine Breite erreichte gerade mal die des Turmes. Wann genau die Reformation in dieser Gemeinde ihren Anfang genommen hat, ist unklar. Sicher ist allerdings, dass bei Berufung des Pastors Heinrich Wasmann im Jahre 1582 bereits die gesamte Gemeinde evangelisch war.

Unter alten Eichen – der Kirchhof in Ende

Der Innenraum der Dorfkirche wird von einem beeindruckenden barocken Kanzelaltar beherrscht, der aber nur auf den ersten Blick wie aus einem Guss erscheint. Wer genauer hinschaut, kann vor allem an der unterschiedlichen Farbigkeit der einzelnen Elemente entdecken, dass Altar, Kanzel und Orgel recht unterschiedlichen Ursprungs sind. Den ältesten Teil bildet die Orgel, deren reichverzierter Prospekt bereits 1663 für die Johanniskirche in Hagen (▷ 7) geschnitzt und 1781 nach Ende verkauft worden war. Die – im Gegensatz zur Orgel – in Blautönen gehaltene Barockkanzel brachte der Freiherr Friedrich Goswin von Vaerst zum Callenberg, zuvor Herr auf Haus Weitmar bei Bochum, im Jahr 1774 aus der dortigen Schlosskapelle (▷ 34) mit. Das

1909 zum 150jährigen Bestehen der Kirche geschaffene Altarbild, das seither den Blick in die hinter dem Altar liegende Sakristei verdeckt, stammt von dem vor allem für seine Industriebilder bekannten Maler Fritz Gärtner. Es zeigt den auferstandenen Christus zwischen der Ender Dorfkirche und Haus Mallinckrodt (▷ S. 61), dem damaligen Wohnsitz des Künstlers. Die kriegszerstörten Chorfenster aus jener Zeit wurden in der Nachkriegszeit durch die heutigen Motivfenster ersetzt. Sie zeigen Gleichnisse und Szenen aus dem Leben Jesu.

Nur scheinbar aus einem Guss – der Kanzelaltar

In der Nähe finden Sie:

» Schlendern Sie doch von der Stiftskirche aus durch die Straße und Gassen der Herdecker Altstadt. Die bedeutendsten Bauten, vor allem am Stiftsplatz, sind mit informativen Tafeln versehen. In der Fußgängerzone treffen Sie auf einen sehenswerten Brunnen, der 1928 von dem Dortmunder Bildhauer Fritz Bagdons zu Ehren Frederunas, der legendären Gründerin des Stiftes Herdecke geschaffen wurde (Hauptstraße 54, ca. 1 min zu Fuß).

» Am Ruhrufer liegt das Freizeitbad Bleichstein. Und das hat für jeden Geschmack und jedes

ev. Dorfkirche Ende

Kirchender Dorfweg 44
Herdecke-Ende
www.ev-kirche-ende.de

Ö: Täglich 8-18 Uhr
F: Führungen auf Anfrage möglich (02330-727148)
P: Einige Parkplätze vor Ort
G: Gastronomie in der Umgebung

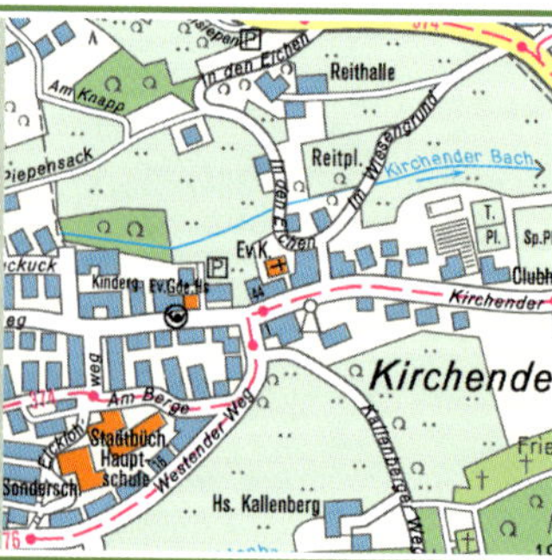

Wetter etwas zu bieten: Geysirbecken und Massagedüsen zur Erholung, Riesenrutsche, Wildwasserkanal oder Tauchturm für die ganz Aktiven. Schwimmen und sonnenbaden kann man natürlich auch (Bleichstein, Mo bis Fr 10-19 Uhr, Sa, So 9:30-19 Uhr, Info: 02330-611325).

» Zur Geschichte der Stromerzeugung mit Wasserkraft gibt es gleich drei interessante Objekte zu sehen, die parallel zum Bau des Hengstey-Stausees 1927-29 entstanden. Das Erste liegt bei der Mündung der Volme in die Ruhr. Drei Kaplanturbinen laufen in dem 1930 erbauten Wasserkraftwerk „Stiftsmühle" (Bleichstein). Die Ruhr wurde hier übrigens während des Autobahnbaus 1938 nach Norden verlegt, sie floss einst durch das heutige Wasserwerksgelände auf der Hagener Seite. Das untere Ende des Stausees markiert das Laufwasserkraftwerk Hengstey (Im Schiffwinkel). Nach einem schönen Spaziergang am Seeufer (ca. 2 km) erreicht man das am Nordhang der Ruhrhöhen gelegene Koepchenwerk. Dieses ebenfalls 1927-29 erbaute Pumpspeicherkraftwerk ist auch ein technischer Leckerbissen. Zu Tageszeiten mit geringem Strombedarf wird Ruhrwasser in das 160 m höher gelegene Speicherbecken gepumpt. Bei plötzlich steigendem Verbrauch treiben die rund 1,5 Mio. m3 Wasser das unterhalb gelegene Kraftwerk für ca. vier Stunden an. (Im Schiffwinkel 43, ca. 15 min zu Fuß).

» Der Hengsteysee bietet auch viele Freizeitmöglichkeiten, so Dampferfahrten: Einen Anleger der „MS Freiherr vom Stein" ist am Schiffwinkel (▷ S. 15) zu finden.

» Über den Harkortsee nach Wetter (Ruhr) können Sie mit der „MS Harkort" schippern (Anleger Zweibrücker Hof, April – Okt., Info: 02330-4175, www.hagen.de).

» Etwas westlich des Cuno-Heizkraftwerks (Wetterstraße 111) mit seinen denkmalgeschützten Kesselhäusern (1926 und 1932) finden Sie, direkt an der Uferpromenade des Harkortsees, eine Minigolfanlage (Wetterstraße, ca. 5 min mit dem Auto von Herdecke-Mitte). Hier beginnt auch ein beschilderter Energiewanderweg, der ruhraufwärts bis zum Koepchenwerk führt.

» Von den zahlreichen Fabrikantenvillen in Ende ist sie die bekannteste und prächtigste: 1912-13 wurde Haus Ende für Robert Müser, den Generaldirektor der Harpener Bergbau AG, erbaut (Ostender Weg 21, ca. 10 min mit dem Auto von Herdecke-Mitte).

» Die Katholiken in Ende erhielten nach der Reformation erst dank des Dortmunder Brauereidirektors Leon Cremer wieder eine eigene Kirche. Die 1925 erbaute St.-Elisabeth-Kirche (Pinno und Grund, Dortmund) liegt sehr idyllisch im Wald (Am Semberg, ca. 10 min mit dem Auto von Kirchende).

» Auch die unter Herdecke, Dortmund-Syburg und Wetter (Ruhr) genannten Tipps sind von hier aus gut zu erreichen.

Die reformierte Kirche in der Freiheit Wetter

Wetter (Ruhr)

16 Kleines Werk eines großen Architekten

Die reformierte Kirche in der Freiheit Wetter

Wie die reformierte Gemeinde in Wetter mit Johannes Otzen, Professor an der Technischen Hochschule in Berlin-Charlottenburg und einer der Protagonisten des protestantischen Kirchenbaus um die Wende zum 20. Jahrhundert, in Kontakt gekommen war, ist heute nicht mehr nachzuvollziehen. Jedenfalls entwarf der renommierte Architekt für die Gemeinde im Jahre 1893 ein außergewöhnliches Kirchlein, das bis heute kaum verändert erhalten ist. Erstaunlich ist, dass Otzen, als Mitverfasser des Wiesbadener Programms ein Protagonist des Zentralraumgedankens (▷ 36), die kleine Kirche als klassisch gerichteten Wandpfeilersaal konzipierte. Dies geschah wohl mit Rücksicht auf den Vorgängerbau, die herrschaftliche Burgkapelle. Diese war einst der hl. Katharina geweiht, wohl bereits um 1250 entstanden und im Jahr 1384 erweitert worden. Um 1850 galt der kleine, dreischiffige Bau als erhaltenswertes Kunstdenkmal. Die seinerzeit geplante Restaurierung unterblieb aber, was zur Folge hatte, dass die Umbau- und Erweiterungspläne Otzens, auch wegen Baufälligkeit der Kapelle, einem Neubau gleichkamen. Der historischen Bedeutung der Burgkapelle erwies der Architekt die Ehre, indem er den Neubau auf die historischen Fundamente setzte, die gleichzeitig Teil der mittelalterlichen Ummauerung der Freiheit Wetter gewesen waren. Im Chorbereich, der sich direkt über der Hangkante zum Ruhrtal erhebt, sind diese noch heute zu erkennen. Dass die Fabrikhallen der ersten Maschinenfabrik im Ruhrgebiet, 1819 durch Friedrich Harkort in der benachbarten Burg Wetter gegründet, bereits um 1850 bis auf wenige Meter an die Nordwand der Kirche heranreichten, ist heute nicht mehr zu sehen.

Während die Burgkapelle nur einen kleinen Dachreiter trug, erhielt der Neubau auf dem westlichen Joch mit der Orgelempore einen Turmaufsatz über die gesamte Breite des Langhauses. Das Satteldach des Turms ist von einem spitzen, seit 1976 kupferbeschlagenen Dachreiter bekrönt. Die Westfassade ist mittig durch einen halbrunden Treppen-

Die stattliche Westfassade

hausvorbau, seitlich durch zwei spitzbogenüberfangene Portale mit Sgraffitomalerei in den Tympanonblenden symmetrisch gegliedert. Die darüber liegenden Oculi, die spitzbogigen Schallluken im Obergeschoss und der Bogenfries am Hauptgesims zeigen ebenfalls gleichermaßen Anklänge an romanische wie gotische Formen.

Die Gliederung des Innenraums durch Gruppenfenster und konsolenartige Vorlagen, aus denen Jochbögen und Rippen aufsteigen, ist einfach aber wirkungsvoll. Der Chorraum ist leicht eingezogen. Der Schlussstein des Chorgewölbes, ein Christuskopf, wurde ebenso aus der Burgkapelle übernommen wie das Katharinenrad am Türsturz der Sakristei. Bemerkenswert ist, dass Otzen, entgegen seiner Vorliebe für Kanzelaltäre, die Kanzel in die Triumphbogenschräge einbaute. Obwohl der Architekt seine Reformideen hier nicht realisieren konnte, schrieb er über seinen Entwurf: „Ich habe Freude an der kleinen Sache gehabt…“

ev. reformierte Kirche Wetter-Freiheit

Burgstraße 15
Wetter-Freiheit

Ö: Besichtigung auf Anfrage möglich (02335-5219)
V: Regelmäßig Konzerte (Info: 02335-5219)
P: Wenige Parkplätze vor Ort

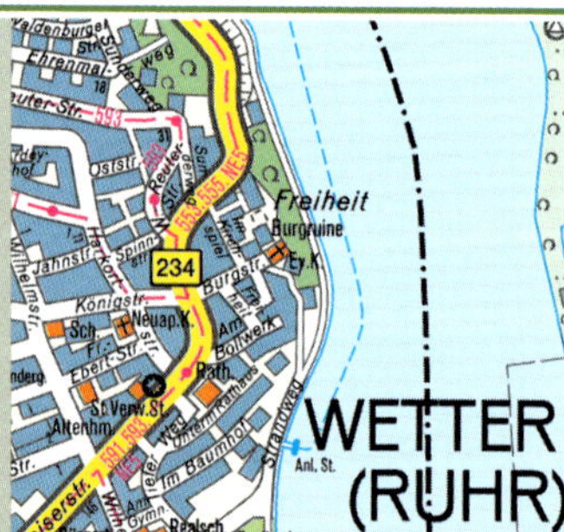

17 Ein feste Burg ist unser Gott

Die ev. Lutherkirche in Alt-Wetter

Im Dezember 1904, während des Abrisses der 1762 erbauten lutherischen Kirche in Wetter, kamen alte Fundamente zu Tage, die wohl aus dem 13. Jahrhundert stammten. Bereits 1903 hatte die lutherische Gemeinde in Wetter den Entwurf eines großen Neubaus zum Wettbewerb ausgeschrieben, den der Architekt Ernst Marx, einer der talentiertesten Dortmunder Architekten in den Jahren um 1900, für sich hatte entscheiden können. Die bis heute in bemerkenswerter Vollständigkeit erhaltene Lutherkirche erbaute man dann 1905-06 nach dessen prämierten Plänen.

Bereits der Grundriss der Kirche ist ungewöhnlich: Um die geforderte Zahl von rund 1.000 Sitzplätzen zu erreichen und auch die für die Gemeindearbeit notwendigen Nebenräume kostensparend gleich mit im Neubau unterzubringen, hatte der Architekt einen rechteckigen Kirchenraum geplant, der an seiner Nordseite um ein Seitenschiff mit Empore, an seiner Südseite aber nur durch einen querarmartigen Anbau für den Konfirmandensaal erweitert ist. So entstand eine asymmetrische Raumkomposition, die man, in kunsthistorische Begriffe gezwängt, als eine Art zweischiffige Emporenhalle mit nur leicht eingezogenem Chor bezeichnen könnte. Seitenschiff, Konfirmandensaal und die westliche Vorhalle sind von dem eigentlichen Kirchenraum abteilbar und jeweils durch separate Eingänge erschlossen – eine für außergottesdienstliche Versammlungen sehr praktische Lösung. Der weite und dank der großen Thermenfenster lichtdurchflutete Kirchenraum steht unverkennbar unter dem Einfluss

Turm und Nordfassade im Abendlicht

der Idee des Einheitsraumes, wenn auch die neugotischen Prinzipalstücke ganz klassisch separat aufgestellt wurden. 1953 um eine „neuhistoristische" Ausmalung, Farbfenster und Rundleuchter ergänzt (Prof. Paul Thol, Gelsenkirchen), hat der Gesamtraum seinen ursprünglichen Charakter bis heute beibehalten.

Auch die äußere Gestaltung des, trotz seiner Größe, sehr kompakten Baukörpers ist bemerkenswert. Man kann hier von einem für die Jahre nach 1900 durchaus modernen Mischstil sprechen. Dieser schöpfte sich zum einen aus historischen Vorbildern, dem Übergangsstil zwischen Romanik und Gotik, zum anderen aus seinerzeit hochaktuellen Reformideen wie dem Jugendstil. Die innere Asymmetrie findet auch außen ihre Entsprechung: Während das Quadermauerwerk an Nord- und Westfassade, noch durch den schlanken Turm betont, sehr machtvoll em-

Gewölbemalerei im Seitenschiff

porstrebt, mildern niedrige, separat verdachte Vorbauten die Wucht der ebenfalls von drei Dreiecksgiebeln beherrschten Südseite erheblich ins Malerische ab. Insgesamt mag man sich an das Lutherwort „Ein feste Burg ist unser Gott" erinnert fühlen.

ev. Lutherkirche

Bismarckstraße 46
Alt-Wetter

Ö: Außerhalb der Gottesdienste nicht zugänglich.
V: Gelegentlich Konzerte
P: Wenige Parkplätze in der Nähe
G: Gastronomie in der Umgebung

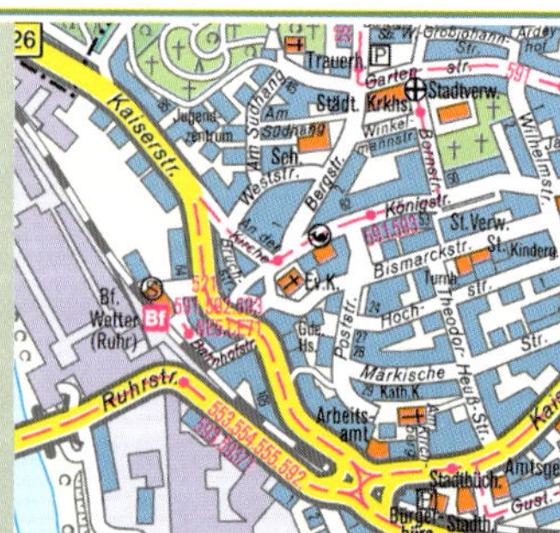

18 Erst der vierte Entwurf kam an

St. Peter und Paul in Alt-Wetter

Die katholische Kirche St. Peter und Paul wurde 1889-90 auf der Höhe des Kirchbergs erbaut. In ihren sehr schlichten neuromanischen Formen wirkt die breite Hallenkirche unter hohem, schiefergedecktem Satteldach fast etwas ungeschlacht. Zugunsten einer konsequenten Ausrichtung des Chores nach Osten liegt die Längsachse des Baus parallel zu der mit einigem Abstand unterhalb der Kirche verlaufenden Kaiserstraße und verschenkt so eine städtebaulich dominante Wirkung. Entsprechend blieb auch die von der Zugangsachse abgewandte Turmfront bis auf einige Rundfenster und einen halbzylindrischen Treppenturmanbau weitgehend schmucklos. Das Turmportal ist seitlich angeordnet und nur durch eine schlichte, übergiebelte Laibung gerahmt. Lediglich das besser sichtbare Glockengeschoss des Turmes zeigt mit Schalluken in der Art gekuppelter Zwillingsfenster etwas mehr Schmuck. Bekrönt wird dieses typisch romanische Motiv durch ein so genanntes Faltendach, ein gelängtes Rhombendach.

Erste Überlegungen zum Kirchbau hatte die katholische Missionsgemeinde in Wetter bereits 1857 angestellt. Von den Entwürfen, die der Paderborner Dom- und Diözesanbaumeister Arnold Güldenpfennig (▷ 25, 27) nach Gründung des Kirchbauvereins 1882 vorlegte, fand erst der vierte, der eben diese einfache neuromanische Hallenkirche mit halbrundem Chorabschluss vorsah, Gefallen.

Der Innenraum wirkt sehr großzügig. Kreuzrippengewölbe ruhen auf Pfeilern von quadrati-

Schmucklose Strenge auf dem Kirchberg

schem Querschnitt, die Gurt- und Scheidbögen sind als flachrechteckige Vorlagen über die Pfeiler

In neuem Gewand – das Innere

Etwas südöstlich der Kirche findet sich außerdem ein schönes Bruchsteingebäude mit verhalten klassizistischen Elementen, diese katholische Volksschule von 1870 beherbergt heute das Pfarr- und Jugendheim. Die 1890 erbaute zweite Schule am Turm dient heute als Pfarrhaus.

In der Nähe finden Sie:

» Nur in Resten erhalten ist die Burg Wetter, bis 1274 durch die Grafen von der Mark als Vorposten gegen die kurkölnische Burg Volmarstein auf der anderen Ruhrseite (▷ S. 65) erbaut und als erster Standort der Mechanischen Werkstätte Harkort & Co. ab 1819 Wiege der Maschinenbauindustrie. Nach der Verlagerung der Fabrik ins Ruhrtal um 1871 (Schöntaler Straße, Reste erhalten) entstand 1924-25 am Burgfried eine Wohnanlage für Angestellte der Demag AG.

bis zum Boden herabgeführt. 1908 hatte der Raum eine erste historistische Ausmalung erhalten, die bereits 1936 durch den Dortmunder Kirchenmaler Eduard Goldkuhle ersetzt worden war. Die Neuausmalung von 1996 ist zeitgemäß schlichter, sie beschränkt sich auf die farbige Hervorhebung der gliedernden Elemente wie Rippen und Bögen.

kath. Kirche St. Peter und Paul

Am Kirchberg 11
Alt-Wetter

Ö: Außerhalb der Gottesdienste nicht zugänglich
F: Führungen auf Anfrage möglich (02335-913305)
P: Parkplätze vor Ort

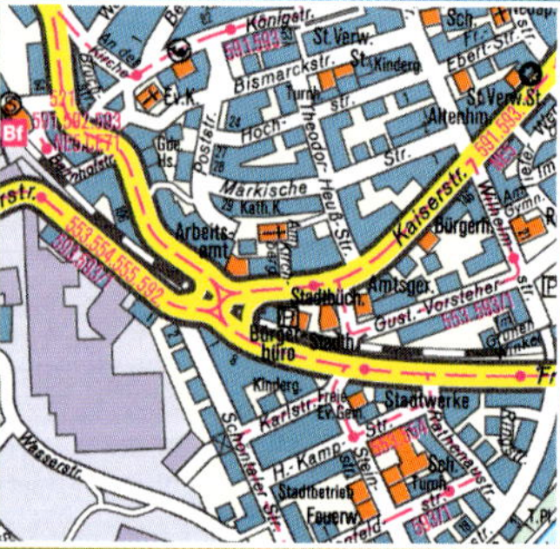

Von den Ringmauerresten tolle Aussicht auf den Harkortsee (Im Kirchspiel 6, 16, neben der reform. Kirche).

» Während für die reformierte Kirche ein berühmter Berliner Architekt verantwortlich zeichnete, entwarf das Hamburger Büro Zauleck und Hormann das zugehörige, 1925 erbaute Pfarrhaus mit seinen hübschen Treppengiebeln. Architekt Christian Zauleck war ein Bruder des damaligen reformierten Pfarrers von Wetter (Im Kirchspiel 4, direkt neben der reform. Kirche).

» Das verschieferte Fachwerkhaus südlich der Kirche, im 17. Jahrhundert als Schulhaus der reformierten Gemeinde erbaut, bewohnte etwa 1835-60 der Industriepionier Friedrich Harkort (Burgstraße 17).

» Der 1930 aufgestaute Harkortsee bietet Erholung am und auf dem Wasser, Tret- und Ruderbootverleih sowie gemütliche Dampferfahrten mit der „MS Harkort" (April – Okt.: Mo bis Fr 14-18 Uhr, Sa, So 10-18 Uhr, Info: 02330-4175).

» Direkt am See liegt ein temperiertes Freibad mit Wasserrutsche und großer Sonnenwiese (G.-Vorsteher-Straße 36, Mai – Sept.: Mo bis Fr 13-20 Uhr, Sa, So und Ferienzeit 9-20 Uhr, Info: www.tv-freibad-wetter.de).

» Auf dem Harkortberg mit seinen Wanderwegen und Mountainbikestrecken bietet der 1884 erbaute Harkortturm weiten Fernblick über das Ruhrtal. Den nahegelegenen Grillplatz können Sie auf Anfrage (02335-840202) nutzen (Harkortberg, ca. 10 min zu Fuß).

» Berühmtester der Architekten, die in Wetter ihre Spuren hinterlassen haben, ist Bruno Taut. Eines seiner Frühwerke ist das Turbinenhaus des Wasserkraftwerks am unteren Ende des Harkortsees, 1907-08 zur Versorgung der Harkortschen Fabrik erbaut (Schöntaler Straße 66, ca. 5 min zu Fuß vom Strandbad).

» Westlich der Altstadt nahe der B226 finden Sie Gut Schede. Im 9. Jh. erstmals erwähnt, ist die herrschaftliche Anlage seit dem 17.Jh. im Besitz der Familie Harkort, der Industriepionier Friedrich Harkort liegt hier begraben. Das teilweise von Peter Behrens eingerichtete Herrenhaus ist nicht zugänglich. (Herdecke-Voßkuhle, Schede 1- 4, ca. 10 min mit dem Auto, von hier können Sie gut nach Witten weiterfahren).

» Ebenfalls oberhalb der B226 liegt Haus Mallinckrodt, ein Rittergut, dessen Geschichte bis ins 13. Jh. zurückgeht. Im 19. Jh. für die Familie Springorum und 1903-04 für den Bankier Hans Jordan im romantischen Burgenstil erheblich erweitert (Herdecke-Voßkuhle, Gederner Straße 20, Privatbesitz, kein Zutritt).

» Sie können Ihre Tour über Volmarstein und Wengern nach Witten-Bommern oder rechts der Ruhr auf der B226 direkt nach Witten-Mitte fortsetzen. Auch die jeweils dort bzw. unter Herdecke und Hagen-Vorhalle genannten Tipps sind von Wetter aus gut zu erreichen.

19 Reformator deckte Betrug um „wundertätige" Hostie auf

Die ev. Dorfkirche in Wetter-Volmarstein

Über die Entstehung der einst dem hl. Bartholomäus geweihten Dorfkirche können wir heute fast nur Vermutungen anstellen. Wahrscheinlich ist die Entstehung einer ersten Kapelle bereits im 11. Jahrhundert, vielleicht im Zusammenhang mit der nahegelegenen Burg Volmarstein, die der Kölner Erzbischof Friedrich I. um 1100 als Bollwerk gegen die aufstrebenden Grafen von der Mark auf der anderen Ruhrseite erbauen ließ. Spuren dieser Kapelle vermutet man unterhalb des seitlichen Sakristeianbaus. 1236 wird erstmals ein Pfarrer in Volmarstein urkundlich erwähnt, zu seiner Zeit muss bereits ein steinerner Kirchbau mit einem wehrhaften, stumpfen Turm bestanden haben. Spuren kleiner romanischer Rundbogenfenster sind im Mauerwerk der Nordwand noch erkennbar. Die größeren Spitzbogenfenster entstanden erst in gotischer Zeit. Die Jahreszahl 1792 am Turm verweist auf den Zeitpunkt, als nach Renovierung der baufälligen Kirche auf den erhöhten Spitzhelm Kreuz und Hahn aufgesetzt wurden. Weitere Umbauten sind für 1863-64 und 1938-39 überliefert. Vor allem durch die letztgenannte Renovierung hat die Dorfkirche ihr Gesicht verändert: Ganz der Ideologie jener Zeit entsprechend, schlug man den ursprünglichen Fassadenverputz ab und legte das rustikale Bruchsteinmauerwerk frei.

1792 wurden Kreuz und Hahn aufgesetzt

Im Inneren der Saalkirche wurden gleichzeitig die Nordempore entfernt und die Orgelbühne verlängert. Vielleicht entstand auch die reich bemalte Holzdecke zu jener Zeit, die der in der Dorfkirche Wengern (▷ 21) sehr ähnlich ist.

Beeindruckend ist der goldverzierte Prospekt der 1734 angeschafften Orgel oberhalb des Hochaltars (2. Hälfte 17. Jh.). Das Altarbild mit einer an berühmte Vorbilder jener Zeit angelehnten Darstellung des Jüngsten Gerichts entstand wohl 1678. Die Kanzel ist an der Südwand positioniert, vom Schalldeckel, der den Himmel symbolisiert, senkt sich der Heilige Geist in Form einer Taube auf den Prediger. Auch der Taufstein stammt aus jener Zeit (1688). Das Lesepult entstand erst vor einigen Jahren aus einem geschnitzten Pelikan, der ursprünglich auf der Orgel seinen Platz hatte.

Die Reformation hielt in Volmarstein 1564 mit dem Vikar Anton Schluck, einem Sohn des ersten lutherischen Pfarrers von Wengern, Einzug. Der deckte einen Betrug um eine angeblich wundertätige Hostie auf und brachte so die Gemeinde auf seine Seite. Dass Volmarstein bis ins 17. Jahrhundert

Im Zentrum des Altars: das Jüngste Gericht

Wallfahrtsort war, ist dem „Hilgen Püttken", einer unterhalb des Pfarrhauses in einem Privatgarten entspringenden „heilkräftigen" Quelle zu verdanken. In dieser sollen, so will es die Sage, zur Zeit Karls des Großen die ersten Sachsen der Gegend getauft worden sein.

ev. Dorfkirche Volmarstein

Hauptstraße 36
Wetter-Volmarstein
www.ev-kirchengemeinde-volmarstein.de

Ö: Außerhalb der Gottesdienste nicht zugänglich
P: Wenige Parkplätze in der Umgebung
G: Gastronomie in der Nähe

20 Mitternächtliche Taufe in der Ruhr

Die Baptistenkapelle in Wetter-Grundschöttel

Die Ursprünge der Baptisten reichen bis in die Reformationszeit zurück. Englische Auswanderer, in ihrer Heimat unter anderem wegen ihrer Ablehnung der Kindstaufe von der anglikanischen Kirche verfolgt, gründeten 1609 in Amsterdam die erste Gemeinde. Nachdem sich die Bewegung vor allem in England und Nordamerika verbreitet hatte, gründete der Kaufmann Johann Gerhard Oncken 1834 in Hamburg die erste deutsche Baptistengemeinde. Genau 20 Jahre später formierte sich die Gemeinschaft in Grundschöttel. Erste Impulse hatte der seit 1848 in der lutherischen Gemeinde Volmarstein amtierende Pfarrer Ringsdorff gegeben, der vor allem junge Leute für seine pietistischen Ideen begeistern konnte. Nach einem Besuch des baptistischen Missionars Julius Köbner, eines engen Vertrauten Onckens, der 1852 im nahen (Wuppertal-) Barmen die erste rheinische Baptistengemeinde gegründet hatte, nahm Ringsdorff seinen Abschied in Volmarstein. Gemeinsam mit seinen Anhängern ließ er sich von Pastor Köbner am 3. März 1854 um Mitternacht in der Ruhr taufen. Am folgenden Tag wurde im Hause des Ortsvorstehers von Grundschöttel offiziell die Gründung vollzogen und noch im gleichen Jahr eine Kapelle erbaut. Die spätere emsige Missionsarbeit der Grundschötteler erstreckte sich über ein weitläufiges Gebiet zwischen Witten, Bochum, Dortmund und Lüdenscheid, wo zahlreiche

Ein gelungener Kontrast

Baptistenkapelle
Grundschötteler Straße 48
Wetter-Grundschöttel

Ö: Kein Zugang außerhalb der Gemeindeveranstaltungen
P: Parkplätze vor Ort

neue Gemeinde entstanden.

Die heutige Baptistenkapelle in Grundschöttel errichtete der örtliche Bauunternehmer Volp 1902-03. Wie viele freikirchliche Bauten jener Zeit wurde der große, turmlose Bruchsteinbau multifunktional konzipiert und enthielt so neben dem Betsaal auch Räume für die Gemeindearbeit. In der Zweiteilung des Baukörpers unter mächtigen Schopfwalmdächern ist diese Funktionsteilung noch heute ablesbar. Der Kirchsaal erhielt mit hohen Spitzbogenfenstern und einem Portalvorbau außerdem zurückhaltend sakrale Insignien. Der 2002 vollendete moderne Erweiterungsbau bildet mit großen Glas- und strahlend weißen Putzflächen einen ebenso wirksamen wie gelungenen Kontrast.

In der Nähe finden Sie:

» Nahe der Ruhrbrücke nach Alt-Wetter finden Sie das 1467 begründete „Haus Hove" mit einem 1921 im alten Stil wiederaufgebauten Herrenhaus. Der Dichter Hoffmann von Fallersleben verliebte sich hier 1820 in die Hausherrin, die ihn zwar nicht erhörte, ihm aber später politisches Asyl gewährte (Haus Hove 7a, 9, 13-17, ca. 5 min mit dem Auto).

» Der steile Anstieg zur Burgruine Volmarstein, auf der nach den kurkölnischen Herren einst auch Raubritter hausten, wird nicht zuletzt durch einen schönen Blick ins Ruhrtal und auf den alten Ort belohnt. Wer genauer hinschaut, kann von hier oben auch das 1883 an der Ruhr eröffnete Wasserwerk entdecken, das einst die Stadt (Wuppertal-) Barmen mit Trinkwasser versorgte. Eine technische Seltenheit ist die 1893 geplante eiserne Seilhängebrücke des Wasserwerks (Am Kaltenborn 3).

» Auf dem Weg zur Baptistenkapelle kommen Sie an der ev. Christuskirche vorbei. 1965-67 entstand dieser zeittypisch moderne Bau (Architekt Wolfgang Rauh, Hattingen). Der freistehende Glockenträger ist mit dem Kubus der eigentlichen Kirche durch einen flachen Gemeindetrakt und eine Mauer- und Treppenanlage verbunden (Grundschötteler Straße 113).

» Die Martinskirche ist das kirchliche Zentrum der ev. Anstalt Volmarstein. In Nachfolge des 1882 durch den Volmarsteiner Pfarrer Franz Arndt begründeten Pflegehauses, spiegelt die 1904 eingerichtete Pflege- und Rehabilitationseinrichtung heute mehr als 100 Jahre deutscher Sozialgeschichte. Neben der modernen Kirche (1963-64), deren Front durch große Glasflächen und ein Betonrelief geprägt wird, ist auch das „Johanna-Helenen-Haus", ein historistischer Bau aus Gründungstagen der Einrichtung sehenswert (Hartmannstraße 1, ca. 10 min mit dem Auto).

» Auch die weiteren unter Wetter (Ruhr), Herdecke und Hagen-Vorhalle genannten Tipps sind von hier aus gut zu erreichen.

Idylle am Elbschebach – die ev. Dorfkirche in Wetter-Wengern

21 Warum die Betglocke bereits um 11 Uhr schlägt

Die ev. Dorfkirche in Wetter-Wengern

Der Zeitpunkt, an dem die Gemeinde zu Wengern unter Pfarrer Hildebrand Schluck in der alten Dorfkirche erstmals das Abendmahl „in beiderlei Gestalt" feierte, ist, im Gegensatz zu vielen anderen Orten, auf die Stunde genau bekannt. Die Feier des Abendmahls mit Brot und Wein galt als Bekenntnis zur Lehre Luthers. In Wengern geschah dies am fünften Sonntag nach Ostern im Jahre 1543 fast einstimmig, nur ein einziges Gemeindemitglied soll ferngeblieben sein. An die genaue Stunde erinnert bis heute die Betglocke der Dorfkirche, die seither sonntags um 11 Uhr und nicht, wie sonst üblich, eine Stunde später erklingt. Wengern gilt als älteste evangelische Gemeinde in der einstigen Grafschaft Mark.

Ihr Alter gibt die Bruchsteinkirche, mitten im idyllischen Ortskern gelegen, nicht auf den ersten Blick preis. Das Mauerwerk zeigt, neben vielen jüngeren, auch romanische und gotische Spuren. Während das vorreformatorische Patrozinium des hl. Liborius, unter dessen Schutz auch das 799 gegründete Bistum Paderborn steht, auf einen in die Zeit Karls des Großen zurückreichenden Ursprung deuten könnte, setzt eine schriftliche Überlieferung erst 1246 ein. Sicher scheint jedoch, dass die wohl 1264 erneuerte Kirche auf Fundamenten aus dem 10. Jahrhundert fußt, der Turm im 17. und 18. Jahrhundert erneuert wurde und die einstige Saalkirche nach mehrfacher Instandsetzung durch einen Umbau 1891 ihre heutige Form erhielt.

Jünger als sie scheint – die Kassettendecke

Das Relief am Altar zeigt das letzte Abendmahl Christi

Seinerzeit entstand nicht nur der östliche Anbau von Querhaus, Chor und Sakristei, sondern auch der kleine Südwestturm, der einen Ausgleich zu dem weit aus der Mittelachse des Langhauses verschobenen Glockenturm schafft. Die kleinen Nischen in der Südwestecke, in denen man beim Abschlagen des Putzes in den 1930er Jahren menschliche Schädel entdeckte, geben bis heute

ev. Dorfkirche Wengern

Kirchstraße 8
Wetter-Wengern

Ö: Di, Mi 16-18 Uhr, Do 14:30-17 Uhr, So ca. 11:30-17 Uhr
F: Führungen auf Anfrage möglich (02335-70094)
P: Parkplätze in der Nähe
G: Gastronomie in der Nähe

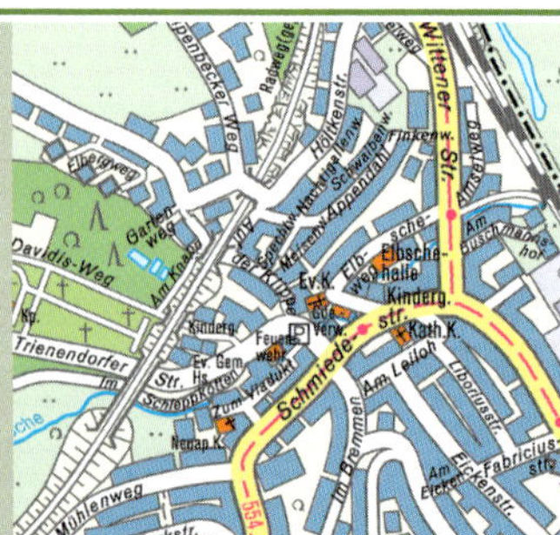

Rätsel auf: Unklar ist nicht nur, wann sie entstanden, auch der Sinn dieses weit und breit einmaligen Totengedenkens bleibt bis heute im Dunkeln.

Während der Erweiterung 1891 wurde der einschiffige Saal durch den Einbau von Pfeilern dreigeteilt, die reich bemalte Kassettendecke im Langhaus entstand allerdings erst 1936. Während der letzten Renovierung legte man an der Südwand Spuren mittelalterlicher Fresken frei. Auch Teile der Ausstattung gehen auf diese Zeit zurück, so ein romanischer Taufstein und das heute holzgefasste Triumphkreuz (um 1480) im Chor. Nicht weniger bemerkenswert sind das Lesepult (1688), der Pelikan symbolisiert den Opfertod Christi, ein weiterer Taufstein (1689), der – allerdings stark reduzierte – Barockaltar von 1714 mit einem Reliefbild des letzten Abendmahls und die ebenfalls mit reichem Schnitzwerk verzierte Kanzel (1746).

Reiches Schnitzwerk an der Kanzel

In der Nähe finden Sie:

» Das „Mühlchen" am Elbschebach hinter Kirche erinnert mit einer Ausstellung an die Wengerner Pfarrerstochter Henriette Davidis (1801-1876), die nicht nur ein noch heute gebräuchliches Kochbuch veröffentlichte, sondern mit ihrer Forderung nach beruflicher Ausbildung für Mädchen auch als eine frühe Vertreterin der Frauenbewegung gilt (Elbscheweg 1, So 15-17 Uhr, Info: 02335-61116, www.henriette-davidis-museum.de).

» Nur wenige hundert Meter östlich des idyllischen Dorfkerns finden Sie eine kleine Backsteinkirche mit Anklängen an den bergischen Barock (Tietmann und Haake, Düsseldorf). In den ersten zwei Jahren des Ersten Weltkriegs wurde sie für die katholische Diasporagemeinde in Wengern erbaut. (Am Leiloh 4, ca. 5 min zu Fuß).

» Am Haltepunkt Wengern-Ost haben Sie Anschluss an die dampfbetriebenen Museumszüge der Ruhrtalbahn, die Sie durchs reizvolle Flusstal bis nach Hagen oder Bochum-Dahlhausen bringen (Info: 01805-347362 (12 ct/min), www.ruhrtalbahn.de).

Die ev. Kirche in Witten-Bommern

Witten

22 Massenaustritt als Druckmittel

Die ev. Kirche in Witten-Bommern

Seit der Christianisierung hatte Bommern kirchlich zu Wengern (▷ 21) gehört, dessen Gemeinde sich 1543 zum Luthertum bekannte.

Unter dem Einfluss des Bergbaus im Muttental (▷ S. 75) erlebte Bommern im 19. Jahrhundert eine Blütezeit, in der die Bestrebungen der evangelischen Christen am Ort, einen eigenen Pfarrer und eine eigene Kirche zu bekommen, Formen annahmen. Dieser Wunsch führte allerdings zu einem lange Jahre andauernden, heftigen Streit mit der Muttergemeinde, der weit über die Grenzen Westfalens hinaus Aufsehen erregte. Zeitweise waren fast 200 Bommeraner aus der Landeskirche ausgetreten, um so ihre Autonomie zu erzwingen. Erst die Gemeindegründung nach Anordnung von oben machte dem Streit im Jahr 1890 ein Ende.

Die bereits 1892-93 an einem hoch über der Ruhr gelegenen Hang des Kranenbergs erbaute neugotische Kirche wurde zu einem Symbol für das Wir-Gefühl der Bommeraner. Zugunsten einer weithin sichtbaren Lage des Turms verzichtete man sogar auf die traditionelle Ausrichtung des Chores nach Osten.

Außen wie innen bis in die Details in hervorragendem Originalzustand erhalten, ist die Kirche in Bommern bis heute ein typisches Beispiel für die außergewöhnliche Begabung des seinerzeit weithin bekannten und vielbeschäftigten Kirchenarchitekten Gerhard August Fischer aus Wuppertal-Barmen (▷ 28). Im Gegensatz zu vielen evangelischen Kirchen jener Zeit ohne Emporen konzipiert, sind die Bruchsteinwände durch große Spitzbogenfenster mit reicher Maßwerkgliederung geöffnet. Auch die ursprüngliche neugotische Buntverglasung ist sehenswert. Obwohl die kurzen Querarme die äußere Silhouette beherrschen, treten sie innen zugunsten einer einheitlichen Wirkung der dreischiffigen Staffelhalle kaum in Erscheinung. Die betont vertikale Gliederung der Turmfassade verstärkt noch dessen ganz im Sinne der Gotik „zum Himmel aufstrebenden“ Charakter.

Der stolze Turm, seit jeher Ausdruck einer selbstbewussten Gemeinde

ev. Kirche Bommern

Rigeikenstraße 10
Witten-Bommern
www.kirche-hawi.de (▷ Gemeinden)

Ö: Besichtigung auf Anfrage möglich (02302-31466).
V: Gelegentlich Gospelkonzerte etc. (▷ www)
P: Parkplätze vor Ort

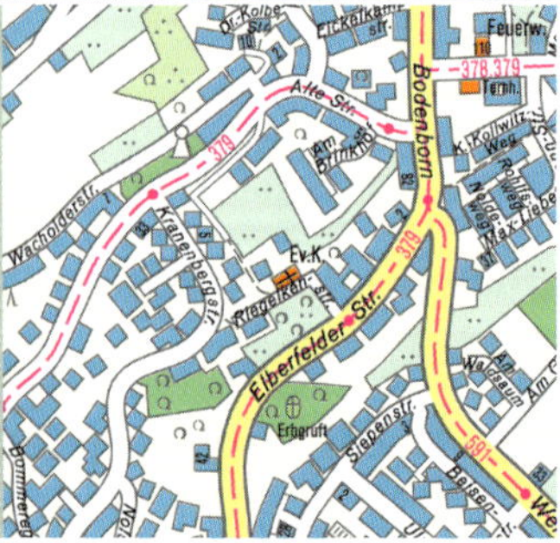

23 Refugium des Katholizismus im Epizentrum des Ruhrbergbaus

Die Kapelle auf Schloss Steinhausen in Witten-Bommern

Nur mit etwas Phantasie ist der kleine Anbau des um 1810 erbauten klassizistischen Herrenhauses auf Schloss Steinhausen von außen als Kapelle zu erkennen. Eine Inschrift im steinernen Türsturz gibt aber Auskunft über Bauherren und -jahre der Privatkapelle, deren Gestaltung, wie die Inschrift, bereits unter dem Einfluss des Jugendstils steht: 1648 hatte der Schlossherr Robert Stael von Holstein hier eine erste Kapelle erbaut. Die Stael von Holsteins, Besitzer auch der benachbarten Burg Hardenstein (▷ S. 75), waren bereits seit 1464 Herren auf Steinhausen und hatten die Burg ab 1529 völlig neu errichtet. Der zweite Teil der Portalinschrift bezieht sich auf den grundlegenden Umbau der Kapelle im Jahr 1904 unter dem Steinbruchbesitzer und Fabrikanten Friedrich Wilhelm Dünkelberg, der den alten Adelssitz 1893 geerbt hatte. Im Zuge dessen entstanden auch die neuromanische Innenausstattung und der laternenartige Dachaufbau mit der geschweiften Haube. Außerdem zeigt der Türsturz noch ein Wappen. Historiker haben herausgefunden, dass Dünkelberg, oder vielmehr dessen Steinmetz, bei diesem Wappen ein kleiner „Fehler" unterlaufen ist. Es entspricht nicht dem Wappen Robert Staels, sondern dem eines estländischen Familienzweiges, zudem wurde es frei

Klein aber oho – die Privatkapelle eines Selfmademans

Schnauze um einen dritten Helm mit Einhorn erweitert. Vielleicht ein kleiner Scherz des bürgerlichen Selfmademans Dünkelberg? Das echte Wappen jedenfalls sollte er gekannt haben, es prangt deutlich sichtbar über dem Portal des 1607 unter Robert Stael erbauten Stufengiebelhauses östlich der Kapelle.

Die nur vom Keller aus zugängliche Krypta mit archaischen Würfelkapitellen, die Dünkelberg sich bis 1920 zur Familiengruft ausbauen ließ, ist durch eine weitere Inschrift auf 1642 datiert.

Eine Eigenkapelle hatte auf Steinhausen, das wohl bereits im 12. oder 13. Jahrhundert zur Sicherung eines nahegelegenen Ruhrübergangs als stattliche Doppelburg erbaut worden war, spätestens 1321 bestanden. So belegt es ein Dokument aus jenem Jahr, in dem die Brüder Hermann und Gerhard von Witten-Steinhausen über die Aufteilung des väterlichen Erbes beschließen.

Nach der Reformation war die Schlosskapelle bis zur Einrichtung der Missionsgemeinde Witten im Jahre 1835 (▷ 25) der einzige Ort im heutigen Stadtgebiet, an dem hl. Messen gefeiert wurden, während das Schloss selbst zu einem Epizentrum des frühen Ruhrbergbaus wurde. 1732 war Steinhausen mitsamt ihren bereits im 16. Jahrhundert ausgebeuteten Kohlevorkommen im Muttental in den Besitz des Freiherrn Christian Friedrich von Elverfeldt zu Dahlhausen, eines Enkels von Robert Stael, gekommen. Der Freiherr war, im Gegensatz zu dem Familienzweig, der seit 1311 die Gerichtsherrschaft in Herbede ausübte (▷ 29), katholisch geblieben.

Seine Nachfahren machten nicht nur das benachbarte Muttental mit den Zechen Theresia und Nachtigall (▷ S. 75) zu einer Wiege des Ruhrbergbaus, sie waren als Erbauer der Steinhauser Schleuse auch Mitinitiatoren der Schiffbarmachung der Ruhr ab 1776, die den Transport der Kohle per Schiff zum Rhein und weiter nach Holland erst möglich mach-

Kapelle auf Schloss Steinhausen

Auf Steinhausen 30
Witten-Bommern

Ö: Außenanlage eingeschränkt zugänglich (Privatbesitz)
V: Ständige Skulpturenausstellung im Garten
P: Parkplätze vor Ort
G: Gastronomie vor Ort (Mo, Di Ruhetag)

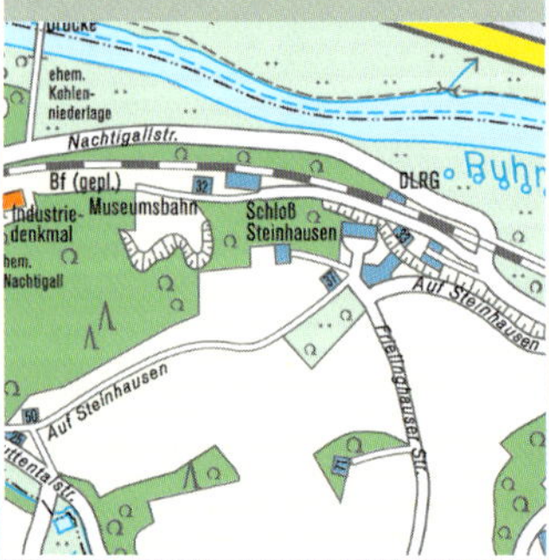

te. Levin Freiherr von Elverfeldt, Bauherr des klassizistischen Herrenhauses, legte 1829 zwischen seinen Zechen und der Kohlenniederlage an der Ruhr auch die Muttentalbahn, eine frühe, noch mit Pferdekraft betriebene Schienenbahn an.

In der Nähe finden Sie:

» Landschaftlich reizvoll gelegen, das Bergbauwandergebiet Muttental in direkter Nähe: Schloss Steinhausen bietet sich für einen Tagesausflug geradezu an.

» Die Hügellandschaft um das Schloss und das Ruhrtal sind auch für Mountainbiker ein Paradies. Und wer sich das nicht traut, kann in der Mountainbikeschule im Schloss lernen, wie es geht (www.bikeride.de).

» Direkt unterhalb von Schloss Steinhausen präsentiert das Gruben- und Feldbahnmuseum (mit Café) auf dem Gelände der Zeche Theresia ein große Auswahl an Loks und Wagen aus dem Bergbau. An den Fahrtagen werden Sie direkt am Parkplatz von der Bahn erwartet, die auch weiter zum Westf. Industriemuseum Zeche Nachtigall fährt (Nachtigallstraße 27-33, Info: 02302-2024791, www.muttenthalbahn.org).

» Die Zeche Nachtigall, bereits 1728 als Stollenzeche erwähnt, ist heute Teil des Westf. Industriemuseums. Bereits 1832 ging man hier zum Tiefbau über, die Nachtigall ist damit die älteste Tiefbauzeche an der Ruhr. Ab 1892 betrieb der „Schlossherr" Dünkelberg hier eine Ziegelei, zwei Ringöfen sind erhalten. Die anschauliche Ausstellung mit Besucherstollen zeigt auch eine betriebsfähige Dampfmaschine von 1887 und eine „Ruhraak", einen Lastkahn für den Kohlentransport zu Wasser (Nachtigallstraße 35-37, Info: 02302-936640, www.zeche-nachtigall.de).

» Die zahlreichen Spuren vor- und frühindustriellen Bergbaus im Muttental sind durch einen Lehrpfad mit kompetenten Erläuterungstafeln verbunden. Auf diesem Weg erreichen Sie auch das 1830-31 erbaute Bethaus. Während des gemeinsamen Gebets wurde hier gleich die Vollzähligkeit der Bergleute kontrolliert.

» Auf diesem Weg zu erreichen ist auch die romantische Burgruine Haus Hardenstein mit einem Turmhaus aus dem 14. Jahrhundert, in der Nähe zwei zur Entwässerung der Kohlegruben angelegte Erbstollen von 1783 bzw. 1803 (ca. 25 min zu Fuß vom Parkplatz Nachtigallstraße).

» Unterhalb der Ruine Hardenstein hält die Museumsbahn, um durchs Ruhrtal weiter nach Hagen bzw. Bochum-Dahlhausen zu dampfen (▷ S. 109, Info: www.ruhrtalbahn.de).

» Die „MS Schwalbe" bringt Sie vom Anleger an der Burg auf der Ruhr bis zum Kemnader See (▷ S. 97, Info: 02302-9173600).

24 Burleske Szenen zu Zeiten der Reformation

Die ev. Johanniskirche in Witten

Vielleicht geht die Gründung einer Kirche in Witten bereits auf das 9. oder 10. Jahrhundert zurück, jedenfalls gibt die Wahl der vorreformatorischen Schutzpatrone Johannes der Täufer und Dionysius, beide in karolingischer Zeit hochverehrte Heilige, Anlass zu dieser Vermutung. Ein sicherer Nachweis kirchlichen Lebens in Alt-Witten findet sich erst im Jahre 1214. Der älteste Teil der Johanniskirche, der romanische Turmstumpf, könnte in diese oder noch frühere Zeiten zurückweisen. Das aus heimischem Sandstein gefügte barocke Kirchenschiff ist jedenfalls bedeutend jünger. Es wurde erst 1752, fast zweihundert Jahre nach der Reformation in Witten, fertiggestellt und 1856 im gleichen Stil auf beinahe die doppelte Platzzahl erweitert.

Dass das kirchliche Leben in Witten zu Zeiten der Reformation recht burlesk verlief, davon berichtet ironischerweise nur ein katholischer Chronist. Bei einer Visitation im Jahr 1533 wurden in Witten zwar noch keine reformatorischen Umtriebe festgestellt, wohl aber, dass Pfarrer Wessel Rydt eine Geliebte hatte. Aus Anlass der Einfüh-

Geprägt von der Schlichtheit der Nachkriegszeit

Traditionsreicher Blickfang am Markt

rung eines Vikars kam es 1576 in der Kirche zu einer ausgewachsenen Schlägerei, weil die Familien, die das Patronatsrecht für diese Kirche beanspruchten, sich nicht einig waren. Pfarrer zu jener Zeit war Heinrich Heitmann. Von ihm ist bekannt, dass er ein uneheliches Kind mit seiner Haushälterin hatte. 1582 heiratete er wohl, aber eine andere Dame. Die Klage auf Alimente seitens des Vaters der Haushälterin brachte die wenig sittenstrenge Vorgeschichte Pfarrer Heitmanns ans Licht. Heitmanns Hochzeit gilt jedenfalls als offizieller Ausdruck des endgültigen Übergangs der Gemeinde zum lutherischen Bekenntnis.

Nach schweren Zerstörungen im Zweiten Weltkrieg, die nur den Turmstumpf und die Außenmauern übrig ließen, entstand die Johanniskirche bis 1952 neu. Der ursprüngliche Charakter der spätbarocken Saalkirche mit dreiseitigem Chorabschluss blieb im Wiederaufbau (Paul Kestner, Witten) äußerlich gewahrt. Lediglich der Turm erhielt eine neue Haube, die in ihrer Form gleichermaßen barocke wie zeitgenössisch dekorative Formen aufgreift und so mit dem gegenüberliegenden Rathausturm aus den 1920er Jahren in eine wirkungsvolle Beziehung tritt.

ev. Johanniskirche

Hauptstraße 4a
Witten-Mitte
www.kirche-hawi.de
(▷ Gemeinden)

Ö: An Markttagen (Di, Do, Sa) 10-13 Uhr „offene Kirche"
P: Einige Parkplätze in der Umgebung
V: Gelegentlich Veranstaltungen (▷ www)
G: Gastronomie in der Innenstadt

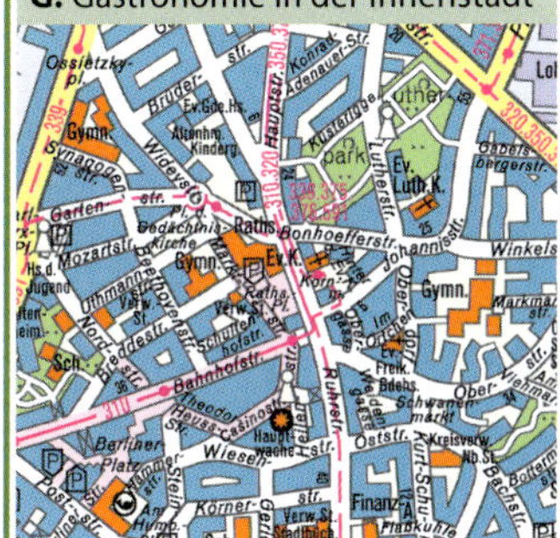

25 Stadtkrone im Zentrum des „schwarzen Viertels"

St. Marien in Witten

Die erste schriftliche Erwähnung kirchlichen Lebens in Witten, wie der Stadt überhaupt, stammt aus dem Jahr 1214. Es erwähnt einen Antonius aus Witten, Vizedekan des Wattenscheider Dekanats, zu dem der Ort seinerzeit zählte. Nach der Reformation galt der Katholizismus im gesamten heutigen Stadtgebiet als erloschen, von den Privatmessen derer von Elverfeldt auf Haus Steinhausen (▷ 23) abgesehen. Erst mit dem Zuzug von Arbeitern wurden im Jahre 1818 unter 1.601 Wittener Bürgern erstmals wieder 58 Katholiken registriert. Die erste öffentliche hl. Messe seit der Reformation wurde 1835 durch einen Vikar aus Lütgendortmund gehalten, 1844 erbaute die Mission eine hölzerne Notkirche und bereits 1846-48 das erste massive Gotteshaus. Diese kleine neuromanische Basilika, 1844 von dem Kölner Dombaumeister Ernst Friedrich Zwirner entworfen, bildet heute das Langhaus der Marienkirche. Die Freude der 1846 gegründeten Pfarrei währte aber nicht sehr lange, 1876 wurde die Kirche im Kulturkampf amtlich den Altkatholiken zugesprochen. Den Romtreuen blieb nichts als der Bau eines weiteren Provisoriums, sie konnten ihr eigenes Gotteshaus erst 1891 wieder in Besitz nehmen.

Eindrucksvolle Turmfassade in der Achse der Hauptstraße

Dass die inzwischen weiter gewachsene Gemeinde sogleich die Planung eines weitaus größeren Neubaus in Angriff nahm, darf wohl auch als ein Zeichen des in Zeiten der Anfeindung wesentlich erstarkten Zusammenhalts und Selbstbewusstseins im „schwarzen Viertel" – so nannte man das katholisch dominierte Quartier um die Marienkirche zu jener Zeit – verstanden werden. Das Paderborner Generalvikariat stoppte diesen Höhenflug

Über allem der Segen Christi

jedoch und genehmigte „nur“ eine Erweiterung der Marienkirche um das Doppelte.

1895-96 entstand so nach Plänen des Diözesanbaumeisters Arnold Güldenpfennig (▷ 18, 27) die mächtige, kreuzförmige Basilika mit zweijochigem Querhaus, Vierungskuppel, Haupt- und Nebenchören. Der alte Turm wurde ummantelt, aufgestockt und mit einem einst noch fialenverzierten Spitzhelm versehen. Mit seinem galeriebekrönten Portalvorbau, flankiert von Treppentürmen, Nebeneingängen und Kapellen bildet sie seither eine eindrucksvolle Stadtkrone in der Blickachse der Hauptstraße.

Das Innere präsentiert sich heute in einer gelungenen Verbindung älterer und jüngerer Elemente. Besonders hervorzuheben sind die restaurierte monumentale Kuppelausmalung (1927, Josef Gietmann), die den segnenden Christus mit den Aposteln zeigt, sowie die Glasfenster des Unnaer Künstlers Wilhelm Buschulte (1954-70). Vor allem seine frühen Arbeiten in Langhaus und Kreuzarmen können in ihrer scharf geschnittenen, dynamischen Linienführung begeistern.

kath. Kirche St. Marien

Marienplatz 1
Witten-Mitte

Ö: Tagsüber ist der verglaste Windfang der Kirche zugänglich
F: Führungen auf Anfrage möglich (02302-56540)
P: Keine Parkplätze vor Ort
G: Gastronomie in der Innenstadt

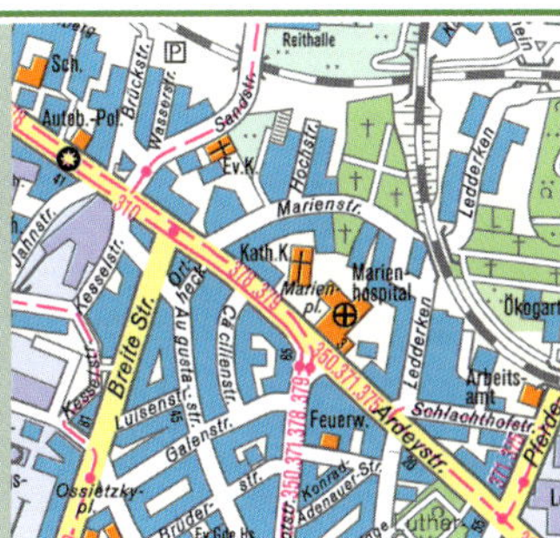

26 Leben in Abgeschiedenheit hoch über dem Ruhrtal

Kirche und Kloster der Karmelitinnen in Witten

Der Prophet Elija, der nach alttestamentlicher Überlieferung als Eremit auf dem Berg Karmel im Ostjordanland lebte, ist das zentrale Vorbild des Ordens der Karmeliter, der um das Ende des 12. Jahrhunderts durch die Gründung eines ersten Einsiedlerklosters auf eben diesem Berg entstanden war.

Ganz in dieser Tradition entstand das Wittener Kloster der Unbeschuhten Karmelitinnen 1952-53 auf der „Klippe", einem relativ abgelegenen Hang des Ardeygebirges oberhalb des Hohensteins. Leben in Abgeschiedenheit, Kontemplation im „inneren Gebet", Studium der hl. Schrift und Feier der Liturgie bilden die täglichen Säulen der betont einfachen Lebensweise dieser Ordensgemeinschaft. Ihrer nach der

Klösterliche Idylle auf der Höhe des Ardeygebirges

Konzentration auf Liturgie und Gebet

ursprünglichen Karmelregel „stillen" Arbeit gehen die etwa 20 Schwestern in der Hostienbäckerei, beim Verzieren von Kerzen und im Bewirtschaften des eigenen Gartens nach.

Bis 1965 wuchs das ursprüngliche Klostergebäude von 1952/53 zu einer geschlossenen Vierflügelanlage, aus der im Südwesten die Kirche heraustritt. Diese wurde mit anderen Gebäuden 1955-57 nach Entwürfen des Paderborner Architekten Aloys Dietrich erbaut. Nach außen hin treten vor allem der blockhaft gedrungene Turmaufsatz über dem Chorraum mit seinem Pyramiddach und das große Radfenster an der südwestlichen Stirnwand in Erscheinung.

Das Innere ist betont schlicht gehalten, nichts soll von der Liturgie ablenken. Dem durch eine flache Balkendecke nach oben hin abgeschlossenen, durch Obergadenfenster belichteten Langhaus ist lediglich ein flaches Seitenschiff mit Nebenaltar angegliedert. Fünf Buntglasfenster zeigen Szenen aus der Ordensgeschichte. Der 1988-89 im Sinne des II. Vatikanischen Konzils modern umgestaltete Chorraum ist nur durch einen unverzierten Triumphbogen vom Langhaus abgegrenzt, die gerade Ostwand ziert ein großes Kruzifix: Ein in seiner Schlichtheit sehr ergreifender Raum.

Kirche und Kloster der Karmelitinnen

Auf der Klippe 20
Witten

Ö: Pforte und Kirche:
Mo bis Fr 9-11, 15-16:30 Uhr

V: Gelegentlich Vorträge über die Ordenseschichte und das Klosterleben, auch für Schulkassen (Info: 02302-982400)

P: Wenige Parkplätze in der Nähe

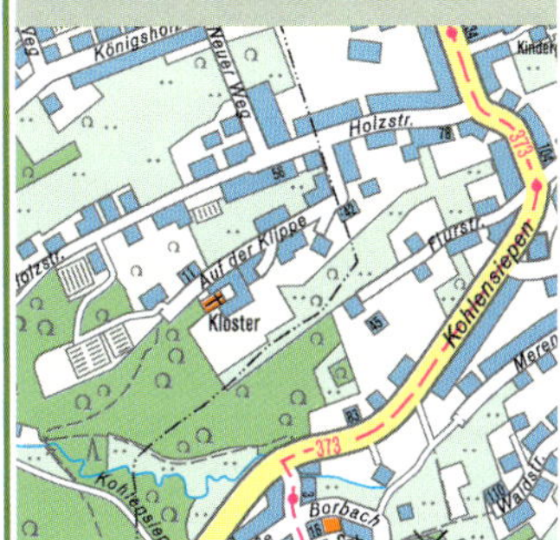

In der Nähe finden Sie:

» Direkt unterhalb des Klosters liegt das bereits 1891-95 als Stadtpark angelegte und später erheblich erweitere Naherholungsgebiet Hohenstein. Der 1902 als Denkmal für Louis Berger, den Begründer des späteren Gussstahlwerks (▷ 27), erbaute Turm bietet weite Aussicht über das Ruhrtal. Hier finden Sie auch einen Streichelzoo, einen Lehrbienenstand, den „Haarmanntempel“, eine Minigolfanlage, Spiel- und Grillplätze und vieles mehr (Info: www.vvwitten.de).

» Nahe des Zentrums zeigt das Märkische Museum in einem Jugendstilbau von 1909/10 seine umfangreiche Sammlung deutscher Malerei und Druckgraphik seit 1900 sowie wechselnde Ausstellungen (Husemannstraße 12, Di bis So 10-13, 14-17 Uhr, Info: 02302-5812550). In der benachbarten Villa Berger von 1839 hat das Heimatmuseum mit seinen Exponaten Einzug gehalten (Ruhrstraße 69, Di, Do, So 11-13 Uhr, Info: 02302-5812557).

» Unweit des Museums finden Sie Haus Witten, im 15. Jh. als Adelssitz entstanden. Seit 1790 diente das alte Gemäuer als „Stahlfabrik“, es ist so eine der Wiegen der Wittener Industrie. Nach völligem Verfall 1996 hervorragend restauriert, zogen hier VHS, Musikschule und ein Bistro ein. Der Konzertsaal ist sehens- und hörenswert, im Sommer wird der Innenhof zur Bühne (Ruhrstraße 86). Auch zahlreiche Villen an der Ruhrstraße sind einen genaueren Blick wert, hier wohnten seit dem frühen 19. Jh. die Honoratioren der Stadt.

» Auch der Helenenturm, den Justizrat Strohn 1858 zum Andenken an seine früh verstorbene Gattin erbauen ließ, bietet bei gutem Wetter weite Ausblicke bis nach Bochum und Dortmund (Helenenbergweg).

» Am nahe der Innenstadt stärker industriell geprägten Ruhrufer haben sich auch einige spannende technische Denkmale halten, so der 600 m lange Eisenbahnviadukt der Bahnlinie Witten – Schwelm. Bereits 1913 begonnen, jedoch erst 1934 eröffnet, überspannt er mit 19 Bögen die Ruhr und den Mühlengraben (Wetterstraße).

» Ebenfalls am Mühlengraben entstand 1922-25 ein Kraftwerk zur Stromversorgung der Schaufelfabrik Bredt & Co. und des Gussstahlwerks Witten. Das Gebäude schuf der Essener Architekt Edmund Körner in expressiven Formen, die ursprünglichen Turbinen sind noch in Betrieb (Wetterstraße 30b).

» Auch die unter Witten-Bommern, Heven, Herbede und Bochum-Stiepel genannten Tipps sind von hier aus gut zu erreichen.

27 Warum aus St. Joseph St. Franziskus wurde

St. Franziskus in Witten-West

Sie ist ein Kind der Industrialisierung, die rote Backsteinkirche im Wittener Westen, das wird auf den ersten Blick klar. So erhebt sich das Gotteshaus auf einer kleinen Insel zwischen dem 1854 gegründeten Guss-Stahlwerk (heute Edelstahl Witten-Krefeld) im Süden und dem Eisenbahnausbesserungswerk im Norden. Bereits 1897 hatte das Paderborner Generalvikariat die Pfarrei St. Marien aufgefordert, zur Betreuung der katholischen Arbeiterbevölkerung des Wittener Westens und Hevens eine neue Kirche zu bauen. Der neugotische Bau mit seinem beherrschend hohen Satteldach, der in strenger Symmetrie vertikal gegliederten Südfassade, in deren Ostecke auch der Turm eingebunden ist, entstand 1903-04 nach Plänen Arnold Güldenpfennigs (▷ 18, 25) – ein bemerkenswert reifes Spätwerk des Paderborner Diözesan- und Dombaumeisters.

Der lichtdurchflutete Innenraum der seinerzeit dem hl. Joseph geweihten Kirche ist in seiner Weite an spätgotischen Vorbildern orientiert. Hier zeigen sich die seinerzeit auch im katholischen Sakralbau aufkommenden ersten Tendenzen, die strenge Ausrichtung der Wegekirchen auf Chor und Altar zugunsten einer einheitlicheren Raumwirkung aufzulösen.

Zwischen Werksmauer und Bahndamm – die St.-Franziskus-Kirche

Die heutige Ausstattung ist modern, der Chorraum wurde 1970-71 von dem Bildhauer Josef Baron, einem Schüler Matarés, komplett neu eingerichtet. Auffällig ist die Vielfalt farbenfroher Fensterbilder, seit 1953 von ver-

Eindrucksvoll weit und lichtdurchflutet

schiedenen Künstlern figürlich gestaltetet.

Die Fenster in der rechten Langhauswand zeigen Heilige des Franziskanerordens. Eines wollen wir hier näher betrachten. Neben Pater Maximilian Kolbe und Edith Stein ist ein auch junger Franziskanermönch zu sehen: Fritz Rosenbaum. Mit 18 Jahren hatte sich der jüdische Kaufmannssohn 1933 in dieser Kirche von Pfarrer Rechmann taufen lassen, sechs Jahre später war der tiefgläubige junge Mann in den Franziskanerorden eingetreten. In einem holländischen Kloster wurde Bruder Wolfgang, so sein Ordensname, am 2. August 1942 von der Gestapo verhaftet. Auf dem Transport in das Vernichtungslager Auschwitz begegnete er noch am gleichen Tag Edith Stein, mit der ihn ein ähnliches Schicksal verband. Die jüdische Philosophin war ebenfalls als Spätberufene in ein Kloster eingetreten. Und, beide wurden noch im gleichen Jahr in Auschwitz ermordet.

Noch während der Amtszeit des selbst vom franziskanischen Geist geprägten Pfarrers Rechmann wurde 1954, auch in Erinnerung an diesen Sohn der Gemeinde, der hl. Franziskus zum neuen Patron von Pfarrei und Kirche gewählt.

kath. Kirche St. Franziskus

Herbeder Straße 30
Witten-West
www.st-franziskus-witten.de

Ö: Tagsüber ist der verglaste Windfang der Kirche zugänglich
V: Gelegentlich Konzerte (▷ www)
P: Wenige Parkplätze in der Nähe

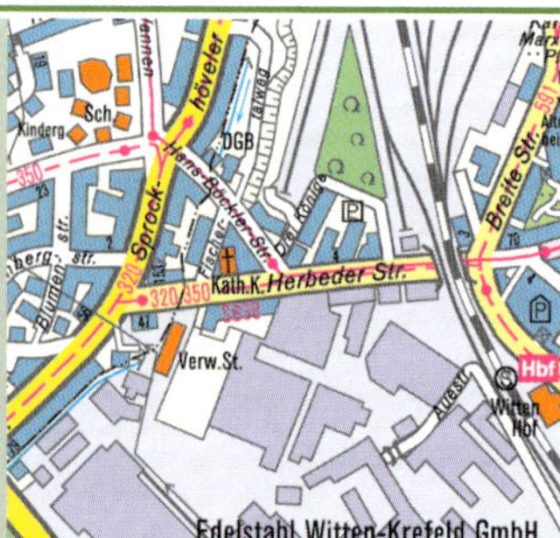

28 Drei Pfennig Brückengeld

Die ev. Kirche in Witten-Heven

1900-01 auf dem höchsten Punkt Hevens, dem Steinhügel, erbaut, beherrscht die weithin sichtbare Kirche diesen Abschnitt des Ruhrtals. Ursprünglich gehörten die Hevener zur Kirchengemeinde in Herbede (▷ 29) am jenseitigen Ufer. Jeder Kirchgang war mit einem langen Marsch verbunden, der Verlauf der Straße Steinhügel folgt in etwa dem alten Weg nach Herbede. Wie auch in anderen Ruhrgemeinden wurde der Fluss beizeiten zum unüberwindbaren Hindernis. Zwar bestand spätestens seit dem 14. Jahrhundert eine Holzbrücke. Hochwasser und Eisgang machten diese aber oft unpassierbar und das Brückengeld, für das Jahr 1844 sind drei Pfennige überliefert, konnte sich längst nicht jeder leisten (▷ S. 91). So kam es, vor allem nach dem Zuzug einer Vielzahl evangelischer Fabrikarbeiter und Bergleute ab 1846, auch in Heven zum Wunsch nach einer eigenen Kirche.

Landmarke auf dem „Gipfel" Hevens

Gerade selbständig geworden, beauftragte die junge und deshalb arme Gemeinde den renommierten Architekten Gerhard August Fischer 1899 mit der Planung eines stattlichen Gotteshauses. Kaum ein Jahr später folgte bereits die Grundsteinlegung.

Die kreuzförmige Kirche mit ihrem spitzhelmbekrönten Westturm ist sehr typisch für die späte Schaffensphase dieses routinierten Kirchenbaumeisters (▷ 2, 10, 12-14, 22, 35, 38, 57, 58). 1867 hatte Fischer sich in Barmen selbständig gemacht, bis zu seinem Tode 1906 war der evangelische Architekt am Neu- oder Umbau von beinahe 100 Kirchen, nicht nur der eigenen Konfession, sondern auch vieler katholischer, beteiligt.

Das Talent Fischers, der den neugotischen Stil bevorzugte, zeigt sich an der wohlproportio-

In seltener Vollständigkeit erhalten – die neugotische Ausstattung

nierten Gesamtgestalt der Hevener Kirche ebenso wie an vielen erhaltenen Details. Der weite Innenraum, eine durch sechs schlanke Rundpfeiler dreischiffig geteilte Staffelhalle mit Kreuzrippengewölben, kurzen Queramen und einem, das Mittelschiff noch einmal leicht überragenden, fünfseitigen Chor, folgt ebenso konsequent den Regeln des Eisenacher Regulativs, wie die getrennte Aufstellung des Altars (im Chor) und der Kanzel (am Nordpfeiler des

ev. Kirche Heven

Steinhügel 38
Witten-Heven
www.heven.info

Ö: Außerhalb der Gottesdienste nicht zugänglich
F: Führungen auf Anfrage möglich (02302-25647)
P: Einige Parkplätze in der Nähe

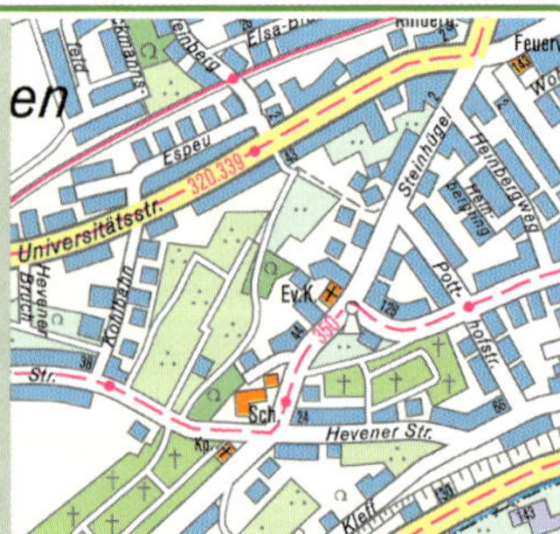

Triumphbogens). Fast die gesamte ursprüngliche neugotische Ausstattung ist erhalten. Nur die historisierende Ausmalung und die Chorfenster, im Zentrum ein Bild Christi, des guten Hirten, sind deutlich jünger (1956, Prof. Paul Thol, Gelsenkirchen).

Und wer ganz genau hinschaut, kann heute noch entdecken, dass der Gemeinde im letzten Moment dann doch noch das Geld ausging: Die Konsolen in den Querhauswänden sollten einst Emporen tragen, die aber niemals eingebaut wurden.

In der Nähe finden Sie:

» Der nahegelegene Kemnader Stausee ist ein Paradies für Spaziergänger, Radler, Inliner, Sonnenanbeter und Surfer (Querenburger Straße, ca. 5 min mit dem Auto, Info: www.kemnader-see.de). In See stechen kann man hier auch mit Ruder- und Tretbooten oder an Bord der Ausflugsschiffe „MS Kemnade" und „MS Schwalbe". (Info: 02330-4175 bzw. 02302-9173600).

» Das ganzjährig geöffnete Freizeitbad Heveney, direkt am Kemnader See, ist eine Bade-, Sauna- und Freizeitoase für die ganze Familie (Querenburger Straße 35, Mo bis Sa 9-23 Uhr, So 9-21 Uhr, Info: 02302-56263).

» Im Indoorbeach-Sportcenter an der A43 ist immer Sommer. Beach-Volleyball und andere trendige Disziplinen machen so auch bei Regen Spaß (Luhnsmühle 2, ca. 5 min mit dem Auto, Info: www.beachsport.de).

» Ohne die Erfindung von Hilfsmitteln, die das Bewegen von schweren Lasten vor allem in schwindelnde Höhen ermöglichten, hätte man wohl kaum je einen Kirchturm bauen können. Das Hebezeugmuseum der Firma Neuhaus zeigt die Entwicklung der Hubtechnik seit dem Mittelalter an Modellen und Originalen. Auch einem Windenschmied kann man bei seiner schweißtreibenden Arbeit über die Schulter schauen (Windenstraße 2-4, ca. 5 min mit dem Auto, Info: 02302-208219).

» Bereits um 1800 wurde die Kornbrennerei am Ruhrufer gegründet, zeitweise gehörte sie dem Inhaber der seit 1859 am Ufer gegenüber bestehenden Edelstahlfabrik Lohmann, mit der die heutige Privatbrennerei Sonnenschein seither durch eine Brücke verbunden ist. Die edlen, selbstdestillierten Tropfen kann man auch direkt vor Ort erwerben (Alter Fährweg 7-9, ca. 5 min mit dem Auto).

» Flussaufwärts, direkt unterhalb der Burgruine Hardenstein (▷ S. 75), zeugt eine Schleuse von der Schiffbarmachung der Ruhr in den Jahren 1774-80. Das schmucke Wärterhaus entstand erst 1835 (Insel 1, ca. 10 min zu Fuß).

» Auch die unter Bochum-Stiepel bzw. Querenburg und Witten-Herbede genannten Tipps sind von hier aus gut zu erreichen.

29 Knistern im Gebälk

Die ev. Kirche in Witten-Herbede

Man schrieb das Jahr 1803, die Gemeinde war zum Ostergottesdienst in der Kirche versammelt, als der Pfarrer ein Knistern im Dachgebälk der Kirche vernahm. Gott sei Dank reagierte er umsichtig und prompt, denn als das alte Dach kurz darauf in sich zusammenfiel, hatten bereits alle Gottesdienstbesucher den Raum verlassen. So waren kaum ernstliche Verletzungen zu beklagen.

Das bereits seit längerem baufällige Kirchlein war sehr alt, vielleicht war es zur gleichen Zeit wie die Stiepeler Dorfkirche (▷ 30) entstanden. Der noch heute erhaltene Turmschaft der Herbeder Kirche jedenfalls ist spätromanisch und wohl auf das 13. Jahrhundert zu datieren, der gotische Spitzhelm deutlich jünger. Dass hier aber schon früher eine Kirche bestanden haben muss, belegt eine Akte aus dem Jahr 1160, in denen die Herbeder Kirche, damals dem hl. Vitus geweiht, als Besitz der Abtei zu (Köln-) Deutz geführt wird. Dass die Abtei die Kirche bereits im Jahr 1032 als Schenkung erhalten hatte, ist nicht eindeutig zu belegen.

Nach der Reformation, auch der genaue Zeitpunkt des Übertritts der Gemeinde zum Luthertum ist nicht genau datierbar, liegt aber sicher im späteren 16. Jahrhundert, kam es wiederholt zu Streitigkeiten über die Berufung der Pfarrer. Der Vogteiherr, Freiherr von Elverfeldt, bestand auf seinen Kandidaten und setzte diese, auch unter Androhung drakonischer Maßnahmen, gegen den Widerstand der Gemeinde durch. Das Patronatsrecht der Familie, einige Grabsteine derer von

ev. Kirche Herbede

Kirchstraße 16
Witten-Herbede
www.kgmherbede.de

Ö: Außerhalb der Gottesdienste nicht zugänglich
P: Wenige Parkplätze in der Nähe
G: Gastronomie in der Nähe

Der romanische Turm überstand den Einsturz der Kirche unbeschadet

Elverfeldt finden Sie noch heute auf dem Kirchhof hinter dem Chor, bestand noch bis 1818.

Zu dieser Zeit konnte die Gemeinde ihre Gottesdienste bereits in einer neuen Kirche feiern. Im Jahre 1811 hatte man den Grundstein zu der heutigen Kirche im Stile eines, im Bergischen Land geprägten, regionalen Spät-

Grabmal eines Herren von Elverfeldt auf dem Kirchhof

barocks begonnen. 1814 war der schlichte Bruchsteinsaal mit seinem charakteristischen Mansarddach und einem Holztonnengewölbe im Inneren eingeweiht worden. Wie fast alle evangelischen Kirchen ihrer Zeit verfügte sie über seitliche Emporen und einen Kanzelaltar. Nur die Orgel war bereits damals an der Turmseite untergebracht. Diese ursprüngliche Innenausstattung wurde im Rahmen einer Renovierung 1965-66 komplett entfernt. Die für ihre Zeit typische und geschmackvolle Neugestaltung entwarf der Bildhauer Wolfgang Kreutter aus Bad Berleburg, seit 1964 Mitglied im Beirat für Kirchenbau und kirchliche Kunst der evangelischen Landeskirche und bis zu seinem Tode 1989 einer der meistbeschäftigten evangelischen Kirchenkünstler in Westfalen.

In der Nähe finden Sie:

» Unterhalb der ev. Kirche liegt die erst 1888-89 von dem Paderborner Dombaumeister Arnold Güldenpfennig (▷ 18, 25, 27) erbaute Kirche St. Peter und Paul, die 1960-62 modern erweitert wurde (Meesmannstraße, ca. 5 min zu Fuß).

» Seit dem 12. Jahrhundert an diesem Platz, ist das Haus Herbede wohl die älteste Burganlage in Witten. Der Sitz der Familie von Elverfeldt, Gerichtsherren in Herbede seit 1311, erhielt seine heutige Gestalt im 15. bis 18. Jahrhundert und beherbergt jetzt ein Kulturzentrum mit Restaurant und Biergarten (von-Elverfeldt-Allee 12, ca. 5 min mit dem Auto).

» Nur 200 m westlich hält die Museumseisenbahn auf ihren Ruhrtalfahrten zwischen Bochum-Dahlhausen und Hagen (▷ S. 109, ca. 2 min zu Fuß, Info: www.ruhrtalbahn.de).

» Die alte Kornmühle des Haus Herbede war bis 1858 in Betrieb. Seitdem nutzt die Firma Lohmann die Wasserrechte der Mühle zur Stahlproduktion, seit 1992 mit einer modernen Turbinenanlage. Die 1882 erbaute Villa mit ihrem schönen Park ist ein gutes Beispiel für eine repräsentative Fabrikantenwohnung in Werksnähe (Ruhrtal 2-12, ca. 2 min zu Fuß).

» Der Brückenwärter, für den das unscheinbare Haus an der Lakebrücke um 1844 erbaut wurde, kassierte einst das Brückengeld. Im Jahre 1844 waren es genau drei Pfennige – viel Geld zu jener Zeit (Ruhrtal 1).

» Im weitläufigen Stadtforst Vormholz finden Sie auch einen schönen Waldspielplatz. Der Grillplatz beim Forsthaus wird auf Anfrage (02302-5813503) vermietet (Rauendahlstraße, ca. 5 min mit dem Auto). Ganz in der Nähe lädt das bergbaugeschichtliche Wandergebiet Muttental zu ebenso reizvollen wie informativen Spaziergängen (▷ S. 75).

» Auch die unter Witten-Bommern bzw. Heven, Bochum-Stiepel und Hattingen-Blankenstein genannten Tipps sind von hier aus gut zu erreichen.

Die Dorfkirche in Bochum-Stiepel

Bochum

30 Bald tausend Jahre alt

Die Dorfkirche in Bochum-Stiepel

Gräfin Imma, die am 6. April 1008 die Genehmigung des Kölner Erzbischofs Heribert II. zum Bau einer Kirche in Stiepel erwirken konnte, war eine hochadelige Dame von großem Einfluss. Ihr Gemahl Graf Liudger, Sohn des sächsischen Herzogs Hermann Billung, hatte Stiepel sieben Jahre zuvor von Kaiser Otto III. als Geschenk erhalten. Vermittelt hatte diese Schenkung Immas Bruder Meinwerk, seinerzeit Kaplan am Hofe Ottos und später, ebenso wie Immas Sohn Imad, Bischof von Paderborn. Den anfänglichen Widerstand Heriberts, der durch die Gründung einer Eigenkirche in Stiepel seinen Einflussbereich gefährdet sah, hatte die Gräfin durch die Fürsprache ihres Verwandten Kaiser Heinrich II. und dessen Gemahlin Kunigunde überwinden können. Bereits 1011, nach dem frühen Tod Liudgers, verschenkte die Gräfin ihren Stiepeler Besitz an den Dom zu Bremen und zog sich auf ihren Familiensitz in Lesum bei Bremen zurück. Nicht nur in der Stiepeler Wallfahrtskirche (▷ 31), auch in der Propsteikirche St. Johann in Bremen zeigt ein „Imma-Fenster" die als Heilige verehrte mit der Stiepeler Dorfkirche zu ihren Füßen. Mit der Reformation fiel das einst der hl. Maria geweihte Gotteshaus spätestens 1610 an die evangelische Gemeinde.

Wenn auch die heutige Dorfkirche in ihren ältesten Teilen erst aus dem 12. Jahrhundert stammt, so haben Archäologen die Fundamente eines Vorgängerbaus aus der Gründungszeit nachgewiesen: Diese Saalkirche war so breit wie das heutige Mittelschiff. Zwischen 1130 und 1170 wurde die Kirche als dreischiffige romanische Basilika neu erbaut, der wehrhafte Turm entstand ebenfalls spätestens zu dieser Zeit. Ende des 15. Jahrhunderts datiert ein grundlegender Um- und Ausbau der Kirche: Durch Erweiterung der Seitenschiffe bei Einbeziehung der ehemaligen Querarme entstand die heutige Hallenkirche. Gleichzeitig wurde der Turm aufgestockt, der Chor erhielt einen polygonalen Abschluss, und ein Teil der kleineren romanischen Fenster wich größeren, in zeittypisch gotischen Spitzbogenformen mit Maßwerkgliederung.

Nicht nur wegen ihrer romanischen Malereien sehenswert

Der Innenraum gilt vor allem wegen seiner Ausmalung als ein Kleinod Westfalens. Neben Ornamenten und floralen Motiven der Romanik finden sich biblische Szenen, so Christus, flankiert von Kain und Abel, am Triumphbogen, die vier Paradiesströme (12.Jh.), eine gotische Darstellung des hl. Georg im Kampf mit dem Drachen (14. Jh.), Apostel- und Paradiesdarstellungen (16. Jh.). Bemerkenswert sind auch ein Taufbecken aus dem 14. und ein spätgotisches Sakramentshaus aus dem 15. Jahrhundert.

ev. Dorfkirche Stiepel

Brockhauser Straße 72
Bochum-Stiepel
www.evkirchebochum.de/stiepel

Ö: Fr 15-18 Uhr und auf Anfrage (0234-791337)
F: Führungen auf Anfrage möglich (0234-791337)
P: Einige Parkplätze in der Nähe
G: Gastronomie in der Umgebung

31 Wallfahrtsort des Ruhrbistums

Kirche Zur Schmerzhaften Mutter und Zisterzienserkloster in Bochum-Stiepel

Bevor die Stiepeler Dorfkirche (▷ 30) mit der Reformation an die Protestanten gefallen war, hatte sie bereits eine jahrhundertealte Bedeutung als Wallfahrtskirche. Bereits im Jahre 1294 durch ein Dekret Papst Bonifaz VII. offiziell bestätigt, gilt Stiepel als einer der ältesten Marienwallfahrtsorte Deutschlands. Überliefert ist aus dieser Zeit die recht hohe Zahl von acht „Ablasstagen". Büßer, die zu einer Kirchenstrafe verurteilt worden waren, konnten früher nur an solchen Tagen wieder in die kirchliche Gemeinschaft aufgenommen werden.

Nach Diaspora und späterer Zugehörigkeit zur Pfarrei Blankenstein (▷ 40) erhielten die Stiepeler Katholiken erst mit der 1914-15 von dem Paderborner Kirchenarchitekten Franz Mündelein erbauten neugotischen Marienkirche wieder ein eigenes Gotteshaus. Der nur von einem Dachreiter bekrönte, zentralbauartige Sandsteinbau mit seiner lebhaften Dachlandschaft ist vor allem wegen seines sternförmigen Grundrisses außergewöhn-

Moderner Kreuzgang nach alten Klosterplänen

Nur ein Provisorium – die Westfassade

lich. Das Fehlen eines Kirchturms und die Schlichtheit der Westfassade weisen darauf hin, dass die Marienkirche unter den Bedingungen des ersten Weltkriegs nur als auf eine spätere Erweiterung hin ausgelegter Torso erbaut werden konnte.

Das um 1430 geschaffene Gnadenbild der „Schmerzhaften Mutter von Stiepel", früher wie heute Ziel zahlreicher Pilger, war um 1820 von der evangelischen Gemeinde abgegeben worden. 1908 in Oberhausen-Sterkrade wiedergefunden, kehrte es über Blankenstein 1920 endgültig nach Stiepel zurück. Heute hat es seinen Platz in einer Seitenkapelle. Im Inneren der Kirche verdienen sonst vor allem die eigenwillige Ausmalung des Hattinger Kirchenkünstlers Egon Stratmann (1985) sowie die Figurenfenster aus den 1950er Jahren (Walter Klocke) Aufmerksamkeit. Eines der Fenster zeigt die Gründung der Stiepeler Dorfkirche und Ihre Stifterin, die Gräfin Imma.

Die Wallfahrtskirche ist heute auch Mittelpunkt eines der jüngsten Klöster des Ruhrgebietes.

kath. Wallfahrtskirche St. Marien und Zisterzienserkloster

Am Varenholt 9
Bochum-Stiepel
www.kloster-stiepel.de

Ö: Außenanlage jederzeit, Kirche täglich 6-20 Uhr zugänglich. Kloster nicht zugänglich (Klausur)
F: Führungen auf Anfrage möglich (0234-777050)
V: Regelmäßig Monatswallfahrten, Exerzitien, Konzerte, Vorträge etc. (▷ www)
P: Parkplätze vor Ort
G: Gastronomie mit Terrasse

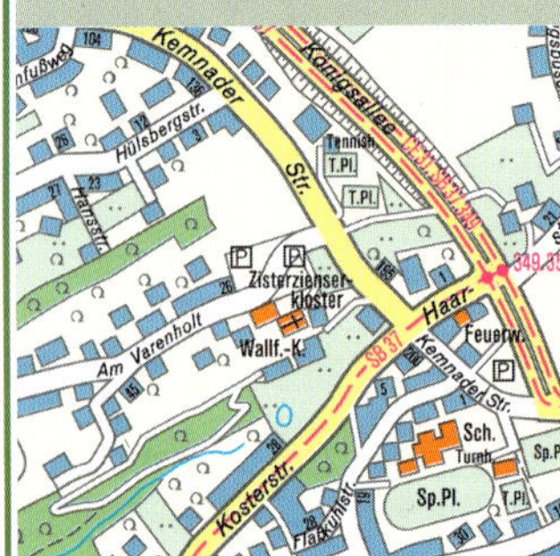

Dem Engagement des ersten Bischofs von Essen, Franz Kardinal Hengsbach, ist es zu verdanken, dass seit 1988 Patres der 1130 im Wienerwald gegründeten Zisterzienserabtei Heiligenkreuz für die Seelen der Pfarrgemeinde Stiepel wie der Pilger Sorge tragen.

Das 1990 eingeweihte Kloster (Roman Reiser und Partner, Bochum) liegt südlich der Kirche. Um einen Kreuzgang gruppiert, folgt es weitgehend einem mittelalterlichen Klosterplan des Ordens.

In der Nähe finden Sie:

» Die nach einem Brand 1589 entstandene, vollständig erhaltene Renaissance-Wasserburg „Haus Kemnade" im Ruhrtal, deren wertvolle Innenausstattung allein einen Besuch wert wäre, beherbergt neben einer stadthistorischen Sammlung und dem Kortumarchiv auch 1.750 historische Musikinstrumente und Spieluhren aus aller Welt sowie eine kleine Sammlung ostasiatischer Kunst (Hattingen, An der Kemnade 10, Mai – Okt.: Di bis So 12-18 Uhr, Nov. – April: Di bis So 11-17 Uhr). Außerdem lädt das Restaurant „Burgstuben" mit Biergarten im Burghof zum Verweilen ein.

» Das Bauernhausmuseum in der um 1800 errichteten und später hierher versetzten ehemaligen Stiepeler Meierei direkt neben der Wasserburg erlaubt anhand des ausgestellten bäuerlichen Geräts und Mobiliars einen Blick auf die ländlichen Lebensgewohnheiten des 18. und 19. Jahrhunderts (Öffnungszeiten wie Haus Kemnade).

» Der östlich gelegene Kemnader Stausee ist nicht zu Unrecht das beliebteste Ausflugsziel der Umgebung (ca. 5 min zu Fuß). Umlaufende Wege locken Spaziergänger, Radfahrer und Inlineskater. Mit Ruder- oder Tretbooten kann man hier ebenso in See stechen wie als Surfer oder mit den Ausflugsschiffen „MS Kemnade" und „MS Schwalbe" (Info: 02330-4175 bzw. 02302-9173600, www.kemnader-see.de).

» Direkt am See liegt das ganzjährig geöffnete Freizeitbad Heveney, eine Bade-, Sauna- und Freizeitoase mit Riesenwasserrutsche (Witten-Heven, Querenburger Straße 35, Mo bis Sa 9-23 Uhr, So 9-21 Uhr, Info: 02302-56263).

» Wer mal wieder Handicap verbessern möchte, ist auf der Minigolfanlage Stiepel richtig. (Im Lottental, Info: 0234-793342).

» Westlich von Haus Kemnade erreichen Sie über den Leinpfad die 1776-80 im Zuge der Schiffbarmachung der Ruhr angelegte Schleuse Blankenstein mit dem zugehörigen Schleusenwärterhaus (ca. 5 min zu Fuß).

» An den südlichen Ruhrhängen findet sich das Naturschutzgebiet Katzenstein mit einem Wildgehege (Hattingen, Im Katzenstein, ca. 5 min zu Fuß vom Haus Kemnade).

» Auch die unter Witten-Heven bzw. Herbede und die unter Hattingen-Blankenstein genannten Tipps sind von hier aus gut zu erreichen.

32 Vier Gemeinden unter einem Dach

Das ökumenische Kirchenforum in Bochum-Querenburg

Über dem Ruhrtal thront weithin sichtbar der Komplex der Ruhr-Universität, die 1962 als erste Universitätsneugründung in Westdeutschland aus der Taufe gehoben worden war. Ihre Ansiedlung im Südosten Bochums stellt, wie der beinahe gleichzeitige Bau des nahegelegenen Opelwerks ein Fanal des Ende der 1950er Jahre einsetzenden Strukturwandels in einer bis dahin ganz von der Montanindustrie dominierten Region dar. Der weitläufige Hochschulkomplex mit seinen kammartig aufgereihten Institutsgebäuden und zentralem Campus wurde bereits 1965 eröffnet, jedoch erst 1984 vollendet.

Das Kirchenforum, das neben den Studenten- auch die Stadtteilgemeinden beider christlichen Konfessionen beherbergt, liegt auf der Schnittstelle zwi-

Ganz zeittypisch schlicht – die ev. Apostelkirche im Kirchenforum

schen dem Universitätsgelände und der dazugehörigen Wohnstadt Querenburg.

Die plastische, in Grund- und Aufriss aus einer Kreuzform entwickelte und in der modernen Tradition der „Architecture Brute" ursprünglich betonsichtige Kirche ist auch ein einzigartiges Zeugnis der zeitgenössischen Suche nach einer der Ökumene angemessenen Bauform: Bereits bei Planungsbeginn 1964 stand fest, dass beide Konfessionen hier in enger räumlicher Beziehung ein neues Heim finden sollten. Die Forderung der Studentenschaft nach einer Simultankirche war seinerzeit jedoch auf beiden Seiten nicht konsensfähig. Der erst 1972-75 durch das, auch an der Planung der Universität beteiligte Düsseldorfer Architekturbüro Eller, Moser, Walter und

Kreuzformen bestimmen das Äußere des Kirchenforums

ev. Apostelkirche und kath. Kirche St. Augustinus im ökumenischen Kirchenforum im Unicenter

Querenburger Höhe 291-292
Bochum-Querenburg
www.ruhr-uni-bochum.de/ev/Querenburg.html (Apostelkirche)
www.gemeinde-st-augustinus.de (St. Augustinus)

Ö: St. Augustinus täglich 9-17 Uhr, außer Mi und Sa nachmittag
F: Führungen (Apostelkirche) auf Anfrage möglich (0234-9789913)
V: Gelegentlich Konzerte u.a. (▷ www)
P: Parkhaus unter dem Unicenter (Zufahrt Hustadtring)
G: Gastronomie in der Nähe

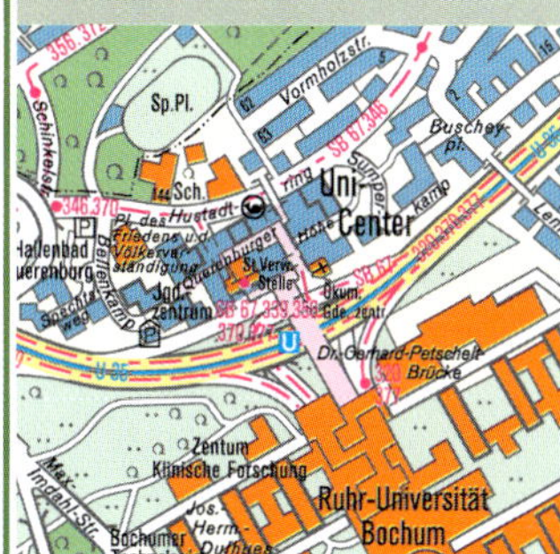

St. Augustinus im Kirchenforum

Partner realisierte Bau brachte zwar beide Kirchen unter „ein Dach“ und damit nach außen hin Ökumene zum Ausdruck. Die innere Aufteilung in einen evangelischen und einen darunter liegenden katholischen Kirchenraum, verbunden durch ein gemeinsames Foyer, lässt dagegen Raum für die – bei aller Gemeinsamkeit – doch unterschiedlichen Auffassungen der beiden Konfessionen.

In der Nähe finden Sie:

» Ein Besuch der Kunstsammlungen der Ruhr-Universität ist für Freunde antiker Vasen und Portraits ebenso lohnend wie für Liebhaber kinetischer Kunst, moderner Malerei und Plastik (ca. 10 min zu Fuß, Eingang Uni-Forum gegenüber dem Audimax, Di bis Fr 12-17 Uhr, Sa, So 10-18 Uhr).

» Südlich unterhalb der Ruhr-Universität liegt der 13 ha große Botanische Garten Bochum mit sehenswerten Wüsten-, Tropen- und Savannenhäusern sowie einem Chinesischen Garten (Im Lottental, ca. 15 min zu Fuß, April – Sept.: Mo bis Sa 9-18 Uhr, Okt. – März: Mo bis Sa 9-16 Uhr).

» Holzpfähle aus dem 10. Jahrhundert tragen das idyllisch inmitten einer wassergefüllten Gräfte gelegene barocke Burghaus „Haus Laer“. Das hier beheimatete Hotel bietet zwar keine Tagesgastronomie, kann aber für Veranstaltungen angemietet werden (Höfestraße 45, ca. 10 min mit dem Auto).

» Bei gutem Wetter lockt hier nicht nur der größte Biergarten Bochums: Der Ümminger See bietet neben viel Natur auch noch eine Rollschuhbahn und die Rekonstruktion eines typisch westfälischen Bauerngartens an Suntums Hof (Ümminger Straße, ca. 5 min mit dem Auto).

» Schwerpunktthema der Medizinhistorischen Sammlung der Ruhr-Universität ist die Verbindung von Medizin und Technik. Untergebracht ist Sammlung in einem Industriedenkmal, dem 1877 vollendeten Malakowturm des Schachtes Julius Philipp I der Zeche Hasenwinkel (Marktstraße 258a, Info: 0234-3223394).

» Auch die unter Bochum-Stiepel bzw. Weitmar und Witten-Heven genannten Tipps sind von hier aus gut zu erreichen.

33 Aus Dankbarkeit über die glückliche Heimkehr

Die Heilige-Familie-Kirche in Bochum-Weitmar

Nach fünf langen Jahren russischer Kriegsgefangenschaft im Ural zurückgekehrt, trat der Priester August Halbe 1950 in Bochum-Weitmar seine erste Vikarstelle an. Die Dankbarkeit über seine glückliche Heimkehr ließ ihn nicht ruhen. Er war davon überzeugt, dass, als Zeichen inständigen Dankes für das in zahllosen Gebeten herbei geflehte Ende des Zweiten Weltkriegs, eine Kirche zur Ehre Gottes und als dauerndes Mahnmal für Frieden und Verständigung errichtet werden müsse. Unermüdlich warb der junge Vikar für diese Idee und nach bundesweiten Presse- und Rundfunkberichten im Jahr 1955 gelang es ihm, eine breite Öffentlichkeit zu mobilisieren. Nicht nur zahlreiche Geldspenden gingen ein, Architekten aus ganz Deutschland sandten ihre Entwürfe nach Bochum.

Danklied der Jünglinge im Feuerofen – Höhepunkt der „Kriegsstraße"

Im Jahr 1958 konnte schließlich mit dem Bau der Dankeskirche begonnen werden. Der für seine Zeit außergewöhnlich schlicht-moderne, hell verklinkerte Bau nach Plänen der Architekten Kurt Hubert Vieth und Friedrich Grosseck aus Herne wird innen wie außen lediglich durch das sichtbar belassene Stahlbetonskelett gegliedert. Auf typisch „sakrale" Elemente wurde weitgehend verzichtet: Nur ein schlanker Dachreiter sowie von Stahlbetonrippen eingefasste Fensterbahnen und Portale der straßenseitigen Hauptfassade geben die Kirche als solche zu erkennen.

Der Eindruck des ungeteilten Innenraumes ist von großer Leichtigkeit. Die abgehängte Decke scheint geradezu über den an den Längswänden durchlaufenden Fensterbändern zu schweben. Diese Fensterbänder gestaltete der

Erst auf den zweiten Blick ein Gotteshaus

Die Krypta der Kriegsheimkehrer

Essen-Werdener Künstler Wilhelm de Graaf, ebenfalls ein Kriegsheimkehrer, als „Kriegsstraße". Auf der Südseite neben dem Altar beginnend, stellt de Graaf in kräftigen Farben und weitgehend abstrahierten, dynamischen Formen das Inferno des Krieges dar. Links des Altares mündet die eindrucksvolle Glasmalerei in eine bodentiefe Glaswand. Thema dieser stärker figürlichen Darstellung ist das „Danklied der drei Jünglinge im Feuerofen", das ebenso wie der offizielle Name der 1959 konsekrierten Kirche „Heilige Familie – Heimkehr aus Ägypten" hymnische Dankbarkeit für die Errettung durch Gott ausdrückt.

Einzigartig sind nicht nur Name und Idee dieser Kirche. Die als Gedenkstätte gestaltete Krypta beherbergt auch eine beeindruckende Sammlung von Bildern und persönlichen Gegenständen, von Kriegsgefangenen unter primitivsten Bedingungen in Lagern geschaffen.

kath. Kirche Heilige Familie

Karl-Friedrich-Straße 109
Bochum-Weitmar

Ö: Tagsüber ist der verglaste Windfang der Kirche zugänglich
F: Führungen auf Anfrage möglich (0234-471525)
V: Jährlicher Heimkehrer-Danktag am Sonntag nach Pfingsten
P: Parkplätze direkt an der Kirche

34 Ruinenromantik im Park

Die Sylvesterkapelle in Bochum-Weitmar

Nur die massiven, aus grob behauenem Ruhrsandstein gefügten Mauern der Sylvesterkapelle im idyllischen, von jahrhundertealten Bäumen beschatteten Park des Adelssitzes Haus Weitmar haben die Zeiten überdauert. Das genaue Alter des nach Papst Sylvester I. benannten Kirchleins ist nicht bekannt, dass es aber bereits im Jahre 1397 bestanden haben muss, belegt eine Urkunde. Während die Umfassungsmauern des Langhauses auch jüngere, gotische Bauspuren zeigen, ist der romanische Turmschaft deutlich älter.

Nachdem Wennemar von der Brüggeney, genannt Hasenkamp, Amtmann des märkischen Amtes Bochum 1464 das Recht erhalten hatte, auf diesem Lehnsgut der Abtei Werden ein neues Wohnhaus zu bauen, sorgte er auch für den Ausbau des, ursprünglich als Hauskapelle des spätestens seit dem 11. Jahrhundert hier bestehenden Schultenhofs genutzten Gotteshauses zur Filialkirche der katholischen Pfarrei Bochum. Bereits am Laurentiustag 1471 wurde die katholische Gemeinde in

Nur Mauerreste überdauerten

Silvesterkapelle

Nevelstraße, Ecke Schloßstraße
(im Schlosspark Weitmar)
Bochum-Weitmar
www.bochum.de/blaue-linie/

Ö: Jederzeit zugänglich
V: Bereits Tradition sind die sommerlichen Openairs der Schauspielschule Bochum im Schlosspark
P: Wenige Parkplätze in der Umgebung

Weitmar selbständig. Mit der Reformation kam die Kapelle an die lutherische Gemeinde. Sie gilt heute älteste im heutigen Bochumer Stadtgebiet, bereits 1572 wurde in Weitmar ein lutherischer Pastor eingestellt. Im 18. und 19. Jahrhundert verfiel die Sylvesterkapelle zusehends, die evangelische Gemeinde erbaute 1866-68 weiter nördlich ihre neue Matthäuskirche. Die prächtige barocke, aus Holz geschnitzte Kanzel war bereits nach 1774 als Stiftung des Freiherrn Friedrich Goswin von Vaerst zum Callenberg, kurzzeitig Herr auf Haus Weitmar, in die Dorfkirche in Herdecke-Ende (▷ 15) gelangt, wo sie noch heute ihren Platz hat. Ein Luftangriff im Jahr 1943 ruinierte die Sylvesterkapelle und das benachbarte, 1592 neu erbaute Renaissance-Herrenhaus endgültig.

In der Nähe finden Sie:

» In der „Situation Kunst" am Rande des Schlossparks verbindet sich klassisch moderne Architektur mit zeitgenössischer Kunst u. a. Richard Serras zu einem beeindruckenden Gesamterlebnis (Schloßstraße 1a, Mi, Fr 14-18 Uhr, Sa, So 12-18 Uhr, 0234-3228644). Direkt benachbart liegt die „Galerie M", Europavertretung des amerikanischen Bildhauers Richard Serra (Mi, Fr 14-17 Uhr, Sa 15-18 Uhr, 0234-43997).

» Wem der Schlosspark für einen Spaziergang zu klein ist, der findet mit dem Weitmarer Holz (Blankensteiner Straße, 2 min mit dem Auto) ein Waldgebiet, dessen Ausläufer bis ins Ruhrtal hinabführen.

» Der Wasserturm des ehemaligen Verbandswasserwerks Bochum (1902-03) diente einst dem Transport des im Ruhrtal gewonnenen Trinkwassers in die höhergelegenen Stadtteile. Von hohem baugeschichtlichem Wert ist er nicht nur wegen seines Fassadenschmucks: Neben einem Speicher für 2.000 cbm Wasser beherbergte er einst auch Wohn- und Diensträume, heute das Deutsche Forum für Figurentheater (Hattinger Straße 467, ca. 2 min mit dem Auto).

» In der Sternwarte Bochum, südlich des Weitmarer Holzes, empfing Prof. Kaminski 1957 als erster außerhalb der UdSSR die Signale des Satelliten „Sputnik" und schrieb hier Weltraumgeschichte. Heute beobachtet das Institut für Umwelt- und Zukunftsforschung auch die Folgen der globalen Erderwärmung (Blankensteiner Straße 200a, Besuch nur nach Voranmeldung: 0234-47711, spezielle Angebote für Kinder).

» In Richtung Stiepel bezeugt ein 1874 erbauter Malakowturm der ehemaligen Zeche Brockhauser Tiefbau den einst auch im Ruhrtal intensiv betriebenen Kohleabbau (Am Bliesstollen 44).

» Auch die unter Bochum-Dahlhausen, Hattingen und Bochum-Stiepel genannten Tipps sind von hier aus gut zu erreichen.

35 Von der Ungnade der Fährmänner

Die Liebfrauenkirche in Bochum-Linden

Bis ins Jahr 1858 gehörten die Lindener Katholiken zur Pfarrei St. Mauritius in Hattingen-Niederwenigern (▷ 44). Jeder Kirchgang bedeutete also einen ebenso weiten wie beschwerlichen Marsch in den jenseits der Ruhr auf einer Anhöhe gelegenen Ort. Bei Hochwasser, oder wenn der Fährmann sonntags in aller Frühe die Überfahrt versagte, blieben die Lindener ganz von der hl. Messe ausgeschlossen. Eine Brücke über den Fluss gab es noch nicht. Eine Anfang des 15. Jahrhunderts in Linden errichtete kleine Filialkirche konnte diesem Missstand nur für gut zweihundert Jahre Abhilfe schaffen. Im Jahre 1633 erhielten die Protestanten das Recht der alleinigen Nutzung und die Katholiken mussten wieder den langen Weg nach Niederwenigern auf sich nehmen.

So wundert das Engagement der Lindener für ein eigenes katholisches Gotteshaus kaum. 1844 schuf man ein erstes Provisorium, die heutige Liebfrauenkirche konnte jedoch erst 1865-66 erbaut werden. Der junge, seinerzeit im Atelier des Paderborner Dombaumeisters Arnold Güldenpfennig (▷ 18, 25, 27) beschäftigte Architekt Gerhard August Fischer (▷ 28) entwarf die an Formen der Frühgotik orientierte dreischiffige Pfeilerbasilika. Hilger Hertel der Jüngere, Sohn des gleichnamigen Dombaumeisters in Münster und ein ebenso begabter Neugotiker wie Fischer und dessen Lehrmeister, erweiterte die Lindener Kirche ab 1901 auf ihre heutige Breite. Im Gegensatz zu der ursprünglichen neugotischen Ausstattung sind die 1901 von der bedeutenden Düsseldorfer Werkstatt Hertel und Lersch geschaffenen figürlichen Glasmalereien in Chor und Querschiff bis heute erhalten.

Reich gegliedert – die Lindener Basilika

Die neugotischen Glasmalereien sind eine Seltenheit

In der Liebfrauenkirche befindet sich auch die wohl älteste Mariendarstellung Bochums, die „Muttergottes von Stiepel". Ebenso wie die Statue der „Schmerzhaften Mutter" (▷ 31) war sie aus der Stiepeler Dorfkirche (▷ 30) entfernt worden, fand aber bereits 1844 ihren Weg über Lütgendortmund nach Linden.

kath. Liebfrauenkirche

Hattinger Straße 812
Bochum-Linden
www.liebfrauenbochum-linden.de

Ö: Mi bis Mo 8-12 Uhr, 15-17 Uhr
V: Regelmäßig Konzerte (▷ www)
P: Einige Parkplätze in der Nähe
G: Gastronomie in der Nähe

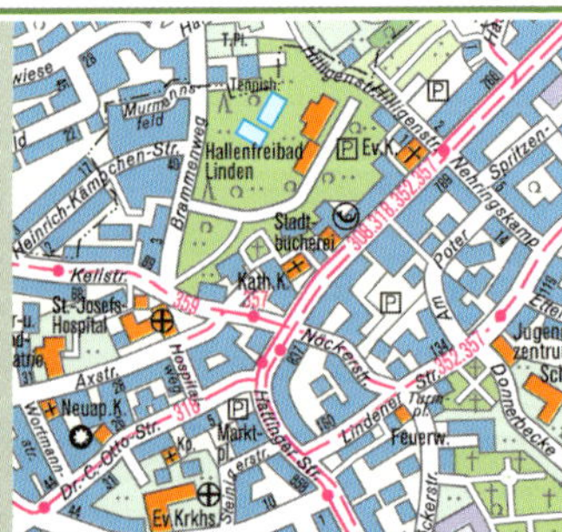

36 Eine Predigtkirche für die Eisenbahnergemeinde

Die Lutherkirche in Bochum-Dahlhausen

Viele Jahrzehnte hatten die Dahlhauser kämpfen müssen, bis sie endlich eine eigene evangelische Kirche bekamen. Die Muttergemeinde im benachbarten Linden wollte ihren 1888 eingerichteten evangelischen Pfarrbezirk in der durch Eisenbahn, Bergbau und die 1872 gegründete „Fabrik feuerfester Steine Dr. C. Otto & Co." geprägten Gemeinde im Bochumer Südwesten partout nicht gehen lassen. Als schließlich die oben genannte Fabrik ein Grundstück in Unterdahlhausen schenkte und die Befürchtung drohender Bergschäden zerstreut waren, konnte am 25. Mai 1911 der Grundstein gelegt werden.

Der in Barkhausen bei Porta-Westfalica ansässige Architekt Heinrich Hutze konzipierte die 1912 eingeweihte Lutherkirche als „Predigtkirche" im Sinne des 1891 durch den Berliner Architekten Johannes Otzen (▷ 16) aufgestellten „Wiesbadener Program-

Der Kanzelaltar ist noch vom letzten Platz aus gut zu sehen

Hoch über Unterdahlhausen

mes". Der kreuzförmige Zentralraum mit seinen umlaufenden Emporen bietet von allen Plätzen eine ausgezeichnete Sicht auf Altar, Kanzel und Orgel, die, ganz in altprotestantischer Tradition, übereinander angeordnet sind. Ziel dieses Konzeptes war es, sich deutlich von katholischen Traditionen abzuheben und die Aufmerksamkeit der Gemeinde ganz auf die Verkündigung

ev. Lutherkirche

Dr.-C.-Otto-Straße 110
Bochum-Dahlhausen

Ö: Außerhalb der Gottesdienste nicht zugänglich
P: Einige Parkplätze in der Nähe
G: Gastronomie in der Umgebung

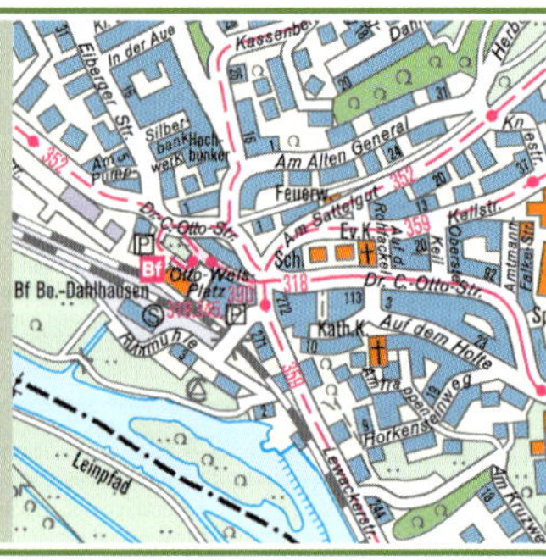

des Wortes zu konzentrieren. Bemerkenswert sind die komplett im Original erhaltenen Ausstattungsstücke sowie die riesigen Fenster mit ihren ursprünglichen Farbverglasungen.

Der kompakte Außenbau mit seinem schlanken, spitzhelmbekrönten Turm ist, ganz typisch für diese späte Stufe historistischer Architektur, nur mit sehr reduziertem neugotischem Bauschmuck versehen. Die Fassade lebt vor allem vom Relief der „hammerrecht" grob behauenen Ruhrsandsteinquader.

In der Nähe finden Sie:

» Gegenüber der Lutherkirche liegt die kath. St.-Michaels-Kirche. Der schlichte Backsteinbau konnte erst 1925-26 realisiert werden (Architekt Anton Meister, Bochum). Er bedeutete für die arme Bergarbeiter- und Eisenbahnergemeinde eine erhebliche finanzielle Anstrengung. (Am Trappen 1a).

» Keinesfalls versäumen sollten Sie einen Besuch im größten privaten Eisenbahnmuseum Deutschlands. Mit teils fahrbereiten Dampf-, Diesel- und Elektroloks und Wagen verschiedenster Epochen wird hier im ehemaligen Bahnbetriebswerk Dahlhausen mit Drehscheibe, Ringlokschuppen und Wasserturm Eisenbahngeschichte lebendig. Nicht nur landschaftlich reizvoll ist eine Fahrt mit dem Museumszug auf der Ruhrtalstrecke zwischen Bochum-Dahlhausen und Hagen Hbf (Info: 01805-347362 (Mo bis Do 14-18 Uhr, 12 ct/min), www.ruhrtalbahn.de).
An jedem dritten Sonntag im Monat besteht außerdem die Möglichkeit, auf dem Führerstand einer Dampflok mitzufahren (Dr.-C.-Otto-Straße 191, März – Nov., Mi, Fr 10-17 Uhr, So 10-17 Uhr, Info: 0234-492516, www.eisenbahnmuseum-bochum.de).

» Dass die Wiege des Ruhrbergbaus im Ruhrtal liegt, zeigt sich auch im Bochumer Süden: An der Rauendahlstraße in Bochum-Linden sprudelt noch heute Grubenwasser der seit langem stillgelegten Zeche Friedlicher Nachbar. Folgen Sie der Straße weiter nach Sundern, finden Sie das Stollenmundloch des 1852 angelegten Erbstollens St. Mathias 2, der bis 1932 zur Bewetterung und Entwässerung einer Kohlengrube diente (ca. 300 m westlich der Hausnummer 151). Über das Mundloch der 1834-93 betriebenen Stollenzeche Pfingstblume kam auch das schwarze Gold selbst zu Tage (Brockhauser Straße 126, dem Verlauf der Rauendahlstraße weiter nach Stiepel folgen).

» Von Dahlhausen aus können Sie Ihre Tour nach Hattingen oder über Bochum-Sevinghausen und Essen-Horst nach Steele fortsetzen. Auch die dort jeweils genannten Tipps sind von hier aus gut zu erreichen.

37 Seit jeher Ort der Besinnung für Durchreisende

Die Pilgerkapelle St. Bartholomäus in Bochum-Sevinghausen

Der Wattenscheider Hellweg ist Teil des über 2.000 Jahre alten Handelsweges „Hellweg“ vom Rhein nach Paderborn, der, auf einer nördlichen Höhenstufe des Haarstrang- und Ardeygebirges verlaufend, einen Teil dieser wichtigsten Fernstraßen von West- nach Osteuropa darstellt. Seine besondere Bedeutung verdankt der Hellweg Karl dem Großen, der ihn um 800 n. Chr. auf seinem Vormarsch gegen die Sachsen zur Heerstraße ausgebaut und in dessen Verlauf im Abstand von je einem Tagesmarsch befestigte Quartiere, sogenannte „Königshöfe“ anlegt hatte. Aus diesen entwickelten sich bald prosperierende Städte, so auch Essen, Bochum und Dortmund.

Eine Art geistlicher Tankstelle ...

... die alte Pilgerkapelle am Hellweg

Im 14. Jahrhundert wurde der Hellweg auch von zahlreichen Pilgern auf dem Weg zum Grab des hl. Jakobus im spanischen Santiago de Compostella genutzt. Daher stifteten die Herren von Haus Leithe um 1364 an dieser Stelle ein Pilgrimhaus mit Hospiz, das noch bis 1810 die Verpflichtung hatte, durchreisenden Pilgern Verpflegung und Obdach für eine Nacht zu bieten. Im Zusammenhang mit diesem im Laufe der Jahrhunderte mehrfach neu erbauten Pilger- und späteren Gasthaus (Wattenscheider Hellweg 249) entstand auch eine erstmals 1395 beurkundete Kapelle.

Der heutige, in Bruch- und Backstein gemauerte, kreuzgratüberwölbte Bau entstand 1661 im Zuge einer Erneuerung, wie ein datierter Wappenstein belegt. Nach einer Restaurierung wurde die Kapelle 1972 zur Autofahrerkapelle umgewidmet.

Pilgerkapelle St. Bartholomäus

Wattenscheider Hellweg 251
Bochum-Sevinghausen

Ö: Jederzeit zugänglich
P: Einige Parkplätze in der Nähe

In der Nähe finden Sie:

» In einer Seitenstraße finden Sie die 1908-09 von dem in Wattenscheid geborenen Kirchenarchitekten Josef Franke erbaute Filialkirche Herz Jesu. Franke zählt zu den bedeutendsten Kirchenarchitekten der ersten Hälfte des 20. Jahrhunderts im Ruhrgebiet (Sevinghauser Weg 101, ca. 2 min zu Fuß).

» Ganz in der Nähe vermittelt das Heimatmuseum Helfs Hof neben einem Einblick in die historische Entwicklung der ehemals selbstständigen Stadt Wattenscheid auch die Traditionen und Lebensbedingungen in diesem noch immer ländlich geprägten Ortsteil (In den Höfen 37, ca. 2 min zu Fuß, Sommer: Mi 10-13 Uhr; Sa, So 11-19 Uhr, Winter: Mi 10-17 Uhr, Sa, So 9:30-17:30 Uhr, Info: 02327-33150).

» Sie können Ihre Tour über Bochum-Dahlhausen nach Hattingen oder über Essen-Horst nach Steele fortsetzen. Auch die dort jeweils genannten Tipps sind von hier aus gut zu erreichen.

St. Peter und Paul in Hattingen

Hattingen

38 Reformierte aus Wuppertal ermöglichten Kirchenbau

St. Peter und Paul in Hattingen

Mit Übertritt der gesamten Hattinger Pfarrgemeinde zum lutherischen Bekenntnis um 1582, dem sich übrigens auch Bürgermeister und Stadtrat offiziell anschlossen, endete das katholische Gemeindeleben in Alt-Hattingen für bald zwei Jahrhunderte. Lediglich die Pfarren in Blankenstein (▷ 40) und Niederwenigern (▷ 44) blieben romtreu.

Dass im Jahr 1784 wieder eine katholische Kirche in Hattingen geweiht werden konnte, ist kurioserweise der reformierten Gemeinde in Wuppertal-Gemarke zu verdanken. Dieser war vom kurpfälzischen Hof aus Paritätsgründen der Bau eines eigenen Gotteshauses solange untersagt worden, bis in der märkischen Diaspora eine katholische Kirche neu entstanden sei. Um das eigene Vorhaben zu beschleunigen, schenkten die Wuppertaler Reformierten den

Das Pfarrzentrum an der einst geschäftigen Bahnhofstraße

Hattingern ein Grundstück sowie Kapital und ermöglichten so den Bau einer kleinen einschiffigen Kirche an der Großen Weilstraße 32. Mit dem Aufblühen der 1854 in Betrieb genommenen Henrichshütte (▷ S. 122) stieg die Zahl der Katholiken in Hattingen so stark, dass die Barockkapelle in der Altstadt aus allen Nähten platze. Der armen Diasporagemeinde, die aus Arbeitern, Handwerkern und Tagelöhnern bestand, fiel es jedoch sehr schwer, die für einen Neubau erforderliche Summe aufzubringen und so konnte erst 1868 außerhalb der Altstadt der Grundstein für die heutige Pfarrkirche St. Peter und Paul gelegt werden konnte. Um Kosten zu sparen, stellte man die Ziegel direkt vor Ort in eigenen Feldbrandöfen her. Im Oktober 1870 konnte der stattliche Backsteinbau, von dem Barmer Kirchenspezialisten Gerhard August Fischer (▷ 28) in neugotischem Stil entworfen, endlich geweiht werden. Gleichzeitig waren auch Pastorat und Schule hinter der Kirche entstanden. Im Gegensatz zur Strenge des Langhauses erhielt die straßenseitige Turmfassade einen deutlich reicheren Schmuck.

Das wohlgegliederte Innere der dreischiffigen Halle erhielt aus Anlass des hundertjährigen Bestehens eine zeitgemäße Neuausstattung mit einem Zelebrationsaltar aus Ruhrsandstein. Ambo, Leuchter und die schönen Bronzeportale entwarf der Bildhauer Josef Baron aus Unna. In den Fenstern ist unter anderem St. Georg, Stadtpatron Hattingens und Schutzherr der vorreformatorischen Kirche in der Altstadt zu entdecken. Eine Besonderheit ist der Taufstein (16. Jh.), der einst in der Georgskirche (▷ 39) stand. Wenn man genau hinschaut, kann man eine Vielzahl eingeritzter Namen und Hauszeichen alter Hattinger Familien entdecken, deren Kinder über diesem altehrwürdigen Stück ihre Taufe empfingen.

kath. Kirche St. Peter und Paul

Bahnhofstraße 11
Hattingen-Mitte
www.st-peterundpaul-hattingen.de

Ö: Di bis So 8:30-18 Uhr
F: Führungen auf Anfrage möglich (02324 -59190)
V: Regelmäßig Konzerte (▷ www)
P: Einige Parkplätze in der Nähe
G: Gastronomie in der Altstadt

39 Der schiefe Turm ist Wahrzeichen der Stadt

Die ev. Kirche St. Georg in Hattingen

Dass der sich hoch über Dächer und Fachwerkfassaden der Hattinger Altstadt erhebende Spitzhelm der Georgskirche so schief ist, liegt weder am schlechten Augenmaß seiner Erbauer noch am Zahn der Zeit. Experten erklären, dass die Zimmerleute ihn nach zwei verheerenden Stadtbränden 1424 und 1429 ganz bewusst so geplant hatten, damit er dem Winddruck besser standhält und, im Falle eines erneuten Feuers, die Trümmer auf keinen Fall in das Kirchenschiff stürzen können. Dass so einige der Fachwerkhäuser rings um den Kirchplatz zu Schaden gekommen wären, hielt man seinerzeit für leichter vertretbar.

Hattingen ging aus einem erstmals im Jahr 990 beurkundeten fränkischen Königshof hervor. Dass hier zu dieser Zeit bereits eine Steinkirche bestand, konnte bei archäologischen Grabungen im Boden der Kirche nachgewiesen werden. Der heutige Turmschaft stammt noch aus der Zeit eines romanischen Neubaus im 13. Jahrhundert. Langhaus und Chor wurden, gleichzeitig mit dem Spitzhelm, zwischen 1430 und 1450 in gotischen Formen teilweise neu erbaut. Vor allem innen zeigt sich die Kirche heute aber im Zustand eines radikalen Umbaus in den Jahren 1807-10. Im Sinne des Klassizismus wurden seinerzeit größere Fenster in die Wände gebrochen, Reste früherer Fenster sind im Mauerwerk teil-

Seine Schieflage war genau berechnet

Klassizistisch streng – der Kanzelaltar

weise noch erkennbar. Die gotischen Säulen und Gewölbe im Inneren wurden restlos entfernt. Stattdessen überwölbte man den seither stützenlosen Emporensaal mit einer hölzernen Tonnendecke, die durch ein offenes Feld der 1954 darunter eingezogenen Kassettendecke sichtbar ist. Der Abriss der alten tragenden Stützen und Gewölbe bedeutete einen erheblichen statischen Eingriff, erst eine Sanierung 1988-89 brachte dem altehrwürdigen Gemäuer wieder die notwendige Stabilität.

Seit des geschlossenen Übertritts von Stadt und Gemeinde zum lutherischen Bekenntnis um 1582 in evangelischer Hand, ist die Ausstattung des Innenraums ein gleichermaßen schönes wie typisches Beispiel für die um 1800 gültige liturgische Praxis des Protestantismus, bei der die Verkündigung des Wortes in Pre-

ev. Kirche St. Georg

Kirchplatz
Hattingen-Mitte
www.stgeorg-hattingen.de

Ö: Täglich 10-12, 15-17 Uhr
F: Führungen auf Anfrage möglich (02324-954930)
V: Regelmäßig Konzerte (> www)
P: Zahlreiche Parkplätze rund um die Altstadt
G: Gastronomie in direkter Nähe

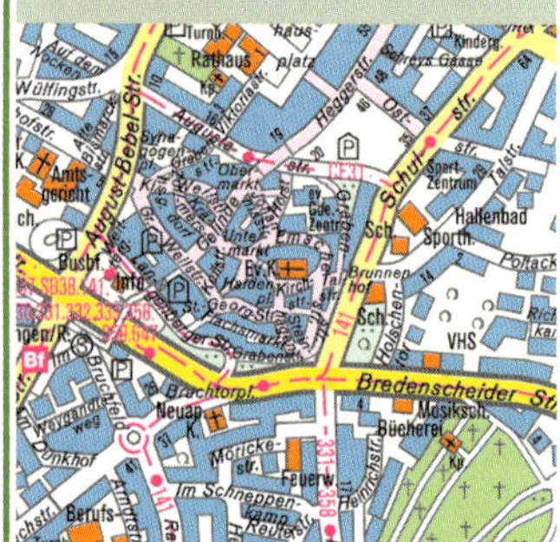

Stadtpatron St. Georg im Kampf mit dem Drachen

digt und Gesang im Zentrum stand. Übereinander angeordnet, bilden Altar, Kanzel, Sängerempore und Orgel (1826-30) eine in klassizistischer Strenge gestaltete Einheit. Auch die Fenster (ab 1950, Prof. E. Bischoff, Gelsenkirchen) sind sehenswert. Dargestellt sind Gleichnisse Jesu, der Stadt- und Kirchenpatron St. Georg und Martin Luther, auch als „Junker Jörg" während seiner Reichsacht 1521/22 auf der Wartburg bei Eisenach.

In der Nähe finden Sie:

» Die Hattinger Altstadt, das „Rothenburg des Ruhrgebiets" ist mit 143 Fachwerkhäusern des 16. bis 19. Jahrhunderts eine der besterhaltenen der Umgebung und schon allein daher einen Tagesausflug wert. Ganz in der Nähe der Georgskirche liegt das Alte Rathaus, eine ehemalige Fleischhalle von 1576. Nur wenige Straßen weiter ist ein Glockenturm, einziger Zeuge der bis 1737 erbauten reformierten Johannis- kirche zu finden (Krämersdorf).

» Rund um die Ruine des mittelalterlichen Hauses Cliff (Privatbesitz, kein Zutritt) zeigt ein Ensemble aus ehemaligen Mühlen- und Speichergebäuden, Fabrikantenvillen und Färbereien, dass die Ruhr Lebensader des frühindustriellen Hattinger Gewerbes war. Eine alte Schleuse (1819-20) und der Leinpfad, auf dem einst Pferde die Ruhraaken stromaufwärts zogen, sind ebenfalls erhalten. (Schleusenstraße, Am Wallbaum, ca. 5 Min mit dem Auto).

» Über den Leinpfad führen schöne Spaziergänge unter anderem zur Ruine der Isenburg (▷ S. 126).

» Flussaufwärts finden Sie, ebenfalls direkt m Ruhrufer, die ab 1854 erbaute Henrichshütte, heute ein eindrucksvolles Industriemuseum (▷ S. 122).

» Auch die weiteren unter Hattingen, Bochum-Dahlhausen bzw. Stiepel und Witten-Herbede genannten Tipps sind von hier aus gut zu erreichen.

40 Unter dem „Auge Gottes"

St. Johannes Baptist in Hattingen-Blankenstein

Das erste Gotteshaus der Katholiken in Blankenstein war die spätestens im 14. Jahrhundert erbaute „Schlosskapelle" in der Freiheit Blankenstein, der ehemaligen Vorburg. Deren Hauptaltar soll zu jener Zeit bereits dem hl. Johannes Baptist geweiht gewesen sein. Im Jahre 1643 wurde diese Kapelle offiziell den Lutheranern zugewiesen, obwohl die seinerzeit in der Freiheit Blankenstein wohl eine Minderheit darstellten. Die katholische Bevölkerung feierte die hl. Messe fortan im Rathaus am Markt, nach dem großen Brand 1665 in einem kleinen Kotten. Ab 1792 entstand dann, an Stelle des inzwischen erworbenen und abgerissenen alten Rathauses, die heutige katholische Kirche. Obwohl erst 1842 offiziell zur Pfarrei erhoben, blicken die Blankensteiner Katholiken also auf eine lange und ununterbrochene Geschichte zurück.

Der Schlussstein über dem Turmportal zeigt mit der Jahreszahl 1794 allenfalls den Zeitpunkt der Grundsteinlegung, der Baufortschritt war seinerzeit noch kaum über Fundamente und Sockel hinausgekommen. Die Vollendung des schmucken Ruhrsandsteinbaus in zeittypischen Formen des Übergangs vom Spätbarock zum

Das Innere der Kirche beherbergt manche Kostbarkeit

Die Jahreszahl über dem Portal täuscht

Frühklassizismus zog sich jedenfalls noch bis 1801 hin. Ihre heutige Größe erreichte die Saalkirche übrigens erst 1929 durch einen, der ursprünglichen Gestalt sehr gut angepassten Anbau einer weiteren Fensterachse und eines neuen Chorraums. Den Entwurf lieferte der Essener Architekt Prof. Georg Metzendorf, der seinerzeit mit dem Bau der Blankensteiner (heute Kemnader) Ruhrbrücke, der Josephskirche in Welper und der Erweiterung der Gartenstadt Hüttenau beschäftigt und damit ein in Blankenstein bestens bekannter Spezialist war.

Das schlichte Innere der Kirche am Marktplatz beherbergt einige alte Kostbarkeiten. Der im Aufbau klassisch strenge Barockaltar, an der Spitze ein „Auge Gottes", flankiert von zwei Engeln, gehört noch zu den jüngeren Stücken: Er kam 1829 als Geschenk aus Lütgendortmund nach Blankenstein, 1977 wurde er um ein modernes Bronzetabernakel bereichert. Der fast lebensgroße Corpus Christi an der Südseite, einst farbig gefasst, stammt aus der Dürerzeit, ist also etwa 500 Jahre alt. Das wertvollste und älteste Kunstwerk, eine spätgotische Pieta (um 1450) zeigt Christus, vom Schoß Mariens herabsinkend.

kath. Kirche St. Johannes Baptist

Marktplatz 8
Hattingen-Blankenstein

Ö: Außerhalb der Gottesdienste nicht zugänglich
V: Adventskonzert (▷ Aushang)
P: Großer Parkplatz an der Wittener Straße
G: Gastronomie in der Nähe

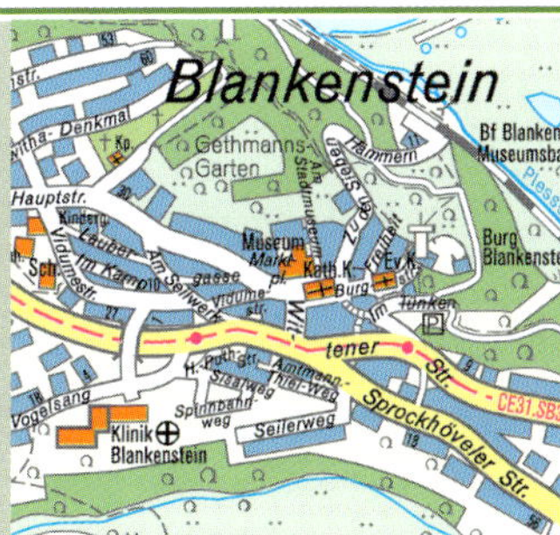

41 Ihre Steine sind weitaus älter

Die ev. Kirche in Hattingen-Blankenstein

Vom Blankensteiner Marktplatz aus gesehen, wirkt die evangelische Kirche beinahe wie ein Zwilling ihrer katholischen Schwester. Dies kann auch kaum verwundern, entstand sie doch etwa zur gleichen Zeit, wenn auch ihre Baugeschichte heute noch weitgehend im Dunkel liegt. Obwohl eine Inschrift über der Kirchentür die Jahreszahl 1767 zeigt, gilt es

Am Rande des Burggrabens

als sicher, dass der Bau frühestens 1775 beendet war.

Ihr Vorgängerbau, die außerhalb der Burgmauern südlich der heutigen Kirche gelegene „Schlosskapelle", war zwar bei dem verheerenden Stadtbrand, der die Freiheit Blankenstein Pfingsten 1665 beinahe dem Erdboden gleich gemacht hatte, beschädigt worden, die Instandsetzung dauerte jedoch nur etwa ein Jahr. Seit 1643 gehörte die Schlosskapelle der lutherischen Gemeinde, vorangegangen war ein langer Streit um die Nutzung. Diese Kapelle wiederum war spätestens im 14. Jahrhundert als Neubau aus einer wohl um 1250 in der Burg eingerichteten Privatkapelle, die aber nur den Herren und Burgmannen, nicht den Bürgern des Ortes zur Verfügung gestanden hatte, hervorgegangen. Obwohl die Reformation in der Freiheit Blankenstein bereits sehr früh, um 1540, einsetzte und die lutherische Gemeinde im Jahr 1607 für selbständig erklärt wurde, war der wohl überwiegende Teil der Bevölkerung seinerzeit der alten Lehre treu geblieben (▷ 40).

Die heutige, gedrungene Bruchsteinkirche, die um 1767 direkt am Zugang zur Burg Blankenstein errichtet wurde, hat, so

Der selten schöne Kanzelaltar

alte Akten, nicht nur den gleichen Grundriss wie ihre Vorgängerin. Auch das Steinmaterial der Schlosskapelle war bei ihrem Bau wiederverwendet worden. Da die Burg Blankenstein mittlerweile verfallen war, konnte die Kirche an ihrem heutigen Platz, auf dem ehemaligen Zuweg zur Burg, errichtet werden.

Im Inneren bewahrt das Kirchlein einen außergewöhnlichen Schatz. Der zeitgenössische Kanzelaltar, im dreiseitig geschlossenen Chorraum der Saalkirche untergebracht, zeigt sich hier in einer besonders seltenen Form. Das grün gestrichene Gehäuse, das die reichverzierte Kanzel und die Orgelempore trägt, beinhaltet nicht nur die Kanzeltreppe, es diente gleichzeitig auch als Sakristei. Das schöne Orgelgehäuse an der Spitze des sehenswerten Ensembles enthält zwar seit 1975 ein modernes Instrument, ist aber dank der seinerzeitigen Restaurierung ansonsten in seiner ganzen barocken Pracht und Farbigkeit erhalten. Der Taufstein ist noch deutlich älter, er trägt die Jahreszahl 1689.

ev. Kirche Blankenstein

Burgstraße 3
Hattingen-Blankenstein

Ö: Besichtigung auf Anfrage möglich (02324–60728)
P: Großer Parkplatz an der Wittener Straße
G: Gastronomie in der Nähe (Burg etc.)

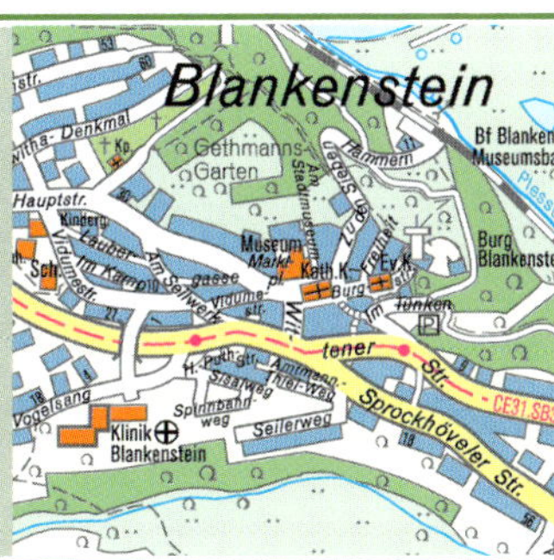

In der Nähe finden Sie:

- » Der idyllische Ort Blankenstein und seine Umgebung eignen sich ideal für einen Tagesausflug. Für unterschiedlichste Angebote ist gesorgt und das Ruhrtal ist hier besonders schön.
- » Direkt am Rande des alten Ortes liegt die geschichtsträchtige Burg Blankenstein. Ein herrlicher Ruhrtalblick vom Turm und Gastronomie, im Sommer auch im Burghof, laden zum Verweilen ein (Burgstraße, 1 min zu Fuß).
- » Auf ihren Fahrt durch das Ruhrtal zwischen Bochum-Dahlhausen und Hagen legen die Museumszüge auch in Blankenstein einen Zwischenstop ein (▷ S. 109).
- » Das Stadtmuseum in den klassizistischen Amtshäusern am Blankensteiner Markt präsentiert neben lokalen Schwerpunkten auch sehenswerte Wechselausstellungen, gemütliche Cafeteria (Marktplatz 1-3, Info: www.stadtmuseum-hattingen.de).
- » Für die Beschäftigten der Henrichshütte entstand in Welper ab 1910 die Gartenstadt Hüttenau (Ringstraße, Luisenplatz etc.). Im Zuge einer Erweiterung erbaute der Architekt Georg Metzendorf 1927-29 auch die kath. Kirche St. Joseph mit einem dekorativen Gewölbe im Stile jener Zeit (St.-Joseph-Straße 2, ca. 5 min mit dem Auto).
- » Pack die Badehose ein! Bei schönen Wetter lockt das in den 1950ern angelegte Freibad Welper, nur einen Katzensprung entfernt (Marxstraße, ca. 5 Min mit dem Auto, Mai – August tägl. 8-20 Uhr).
- » Die eisernen Riesen der von 1854 bis 1987 betriebenen Henrichshütte im Ruhrtal sind heute ein Standort des Westfälischen Industriemuseums. Hier kann man auf dem „Weg des Eisens" die Produktion von Eisen und Stahl anschaulich nachvollziehen. Eigenes Kinderangebot (Werksstraße 25, ca. 10 min mit dem Auto, Info: 02324-92470, www.henrichshuette.de).
- » Das Westfälische Feuerwehrmuseum, bis Ende 2005 auf dem Gelände der Henrichshütte beheimatet, ist eines der größten seiner Art und zeigt historische Fahrzeuge und Geräte für den Kampf gegen den „roten Hahn" (Werksstraße 25-33, Mai – Sept.: So 13-17 Uhr, Info: www.feuerimrevier.de).
- » Hoch über der Ruhr legte der Tuchhändler, Zechenbesitzer und Reeder Gethmann, einer der Förderer des Baus der kath. Kirche in Blankenstein, 1806 einen privaten Landschaftsgarten an, der Spaziergänger mit schönen Ausblicken belohnt (Zugang hinter dem Stadtmuseum).
- » Auch die weiteren unter Hattingen, Bochum-Stiepel und Witten-Herbede genannten Tipps sind von hier aus gut zu erreichen.

42 Neues Bauen auf dem Land

Die ev. Kirche bei Hattingen-Niederbonsfeld

Genaugenommen steht die evangelische Kirche an der Kohlenstraße in Nierenhof, heute ein Stadtteil Velberts. Seit ihrer Einweihung im Jahr 1934 ist sie jedoch auch Zentrum der evangelischen Gemeindearbeit für die südwestlichen Hattinger Ortsteile Niederbonsfeld, Niederbredenscheid, Nieder- und Oberelfringhausen. Einen Blick auf diese kleine, für ihre Entstehungszeit ungewöhnlich moderne Landkirche sollten

Etwas unscheinbar und doch ungewöhnlich modern für eine Landkirche

Sie keinesfalls versäumen.

Den Entwurf zeichnete kein Unbekannter: Karl Wach war bereits seit 1918 Professor für Architektur an der Kunstakademie in Düsseldorf. Sakralbauten sind von ihm nur wenige bekannt, seine Spezialität waren repräsentative Verwaltungsgebäude für Industrie und Wirtschaft sowie elegante Einfamilienhäuser für das gehobene Bürgertum.

Mit dieser kleinen Baugruppe, das großzügige Pfarrhaus ist direkt an die Kirche angeschlossen, gelang Wach eine geschickte Verbindung von Elementen des Neuen Bauens – der modernen Architekturströmung der 1920er Jahre – mit traditionelleren Motiven und außerdem eine ausgezeichnete Einbindung des Ensembles in die reizvolle Hügellandschaft. An die Moderne erinnert neben den schmucklos weißen Putzfassaden vor allem der elegante Bogen, der die östliche „Chorwand" mit der nördlichen Seitenfassade verbindet sowie die bullaugenartigen Rundfenster. Der „runden Ecke" gegenüber, schließt ein höherer kubischer Baukörper, durch rundbogig geschlossene Schallluken als Glockenturm gekennzeichnet, nahtlos an die Ostfassade an. Konservativer, aber nicht weniger elegant, wirken die mäßig hohen abgewalmten Dächer und der niedrige Eingangsvorbau an der, von Turm und Pfarrhaus flankierten südlichen Längswand. Während der Vorbau in einer Fenstergruppe das Triforiumsmotiv des Turmes wieder aufnimmt, ist die Südfassade selbst von einer engen Folge schmaler Fensterschlitze durchbrochen.

Die Schlichtheit des Äußeren ist innen konsequent fortgeführt, gelungen das im Sonnenlicht regenbogenbunte Farbenspiel der erst jüngst nach Entwürfen des Künstlers Udo Unterrieser aus Sprockhövel geschaffenen Buntglasfenster.

ev. Kirche Nierenhof

Kohlenstraße 48
Velbert-Nierenhof (bei Hattingen-Niederbonsfeld)

Ö: Besichtigung auf Anfrage im Pfarrhaus oder beim Küster möglich
F: Kurzführung auf Anfrage möglich (02052-961494)
P: Parkplätze vor Ort
G: Gastronomie in der Umgebung

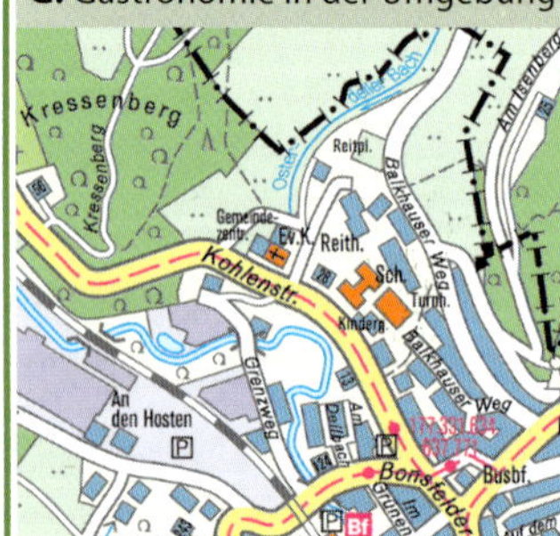

43 Nie nur eine Notlösung

St. Engelbert in Hattingen-Niederbonsfeld

Unter schweren Entbehrungen gelang es den Katholiken in Niederbonsfeld, die 1896 bereits den Bau einer katholischen Schule in Nierenhof selbst finanziert hatten, 1899 den Grundstein zu einem eigenen Vikariehaus zu legen. Bis zur Einrichtung eines Betsaales im Kolkmannschen Haus an der Kohlenstraße im Jahr 1893 hatte man allsonntäglich einen mehr als einstündigen Weg von den Hügeln der Winzermark zur Hattinger Pfarrkirche (▷ 38) auf sich nehmen müssen, den Rückweg noch nicht mitgerechnet. Auch der zweite Schritt auf dem Weg zur Selbständigkeit der jungen Missionsgemeinde ließ nicht lange auf sich warten: Bereits im März des Jahre 1900 konnte der Bau einer eigenen „Notkirche" in Angriff genommen werden. Mit der feierlichen Weihe der St.-Engelbert-Kirche am 7. November des gleichen Jahres war das kleine Pfarrzentrum am Kressenberg komplett.

Den Entwurf für das Pfarrhaus und den direkt angebauten Kirchsaal mit polygonalem Chorabschluss hatte der Kupferdreher Gemeindebaumeister Heinrich Wassermann gezeichnet. Das in seiner ursprünglichen Form erhaltene Ensemble ist ein schönes Beispiel für eine, trotz sehr beschränken Bauetats, gelungene Gesamtgestaltung – keine provisorische Notlösung. Das lebhafte Relief des Bruchsteins und eine Gliederung durch Strebepfeiler und schlanke, ebenfalls bruchsteingefasste, spitzbogige Fenster mit eingelegtem Kleeblattmotiv sind ein schlichter, aber noch heu-

Ein Pfarrzentrum für die Diaspora

kath. Kirche St. Engelbert

Kressenberg 1
Hattingen-Niederbonsfeld

Ö: Besichtigung auf Anfrage möglich (02324-41158)
P: Einige Parkplätze an der Kohlenstraße
G: Gastronomie in der Nähe

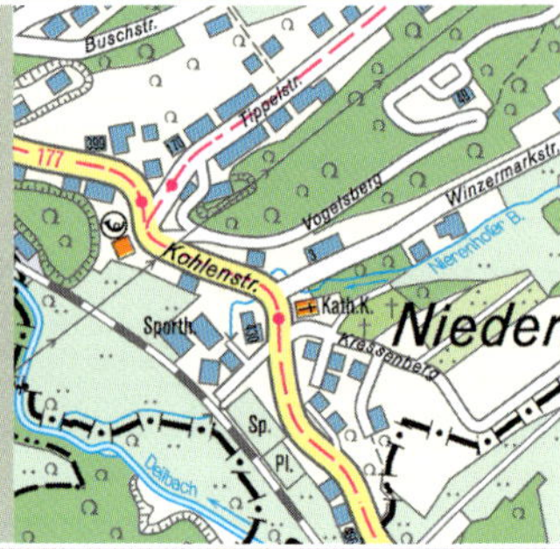

te ansehnlicher Bauschmuck. Auch dem Innenraum, dessen würdige Ausstattung erst Jahre später beschafft werden konnte, gereichte zunächst vor allem ein konstruktives Element zur Zierde: Das unverkleidete Sprengwerk des hölzernen Dachstuhls sorgte vom ersten Tag an für einen wirkungsvollen oberen Raumabschluss. Der an die Nordfassade der Kirche angebaute Turm verrät sein jüngeres Baujahr bereits durch die Strenge und Reduziertheit seiner Triforiengliederung. Er entstand 1909 als Ersatz für den ursprünglichen Dachreiter auf dem First der Kirche, der dem Läuten der Glocke nie ganz gewachsen war.

In der Nähe finden Sie:

» Von der um 1200 erbauten Isenburg hoch über der Ruhrschleife ist nur eine Ruine erhalten, doch das tut ihrer Bedeutung keinen Abbruch, im Gegenteil. Nachdem der Burgherr, Graf Friedrich von Isenberg, im Jahr 1225 den Kölner Erzbischof Engelbert von Berg ermordet hatte, wurde die weitläufige Anlage zur Strafe geschleift. 1858 erbaute sich der Düsseldorfer Hofbaumeister Custodis ein romantisches Landhaus in der Ruine, heute ein Infocenter für Besucher (Am Isenberg 2, ca. 5 min mit dem Auto zum Parkplatz, dann zu Fuß den Schildern folgen, Info: www.burg-isenberg.de)

» Wenn Sie dem Kressenberg an der kath. Kirche bergan gehen, erreichen Sie nach ca. 1 km einen 1930 im Stil des Neuen Bauens für die Wasserversorgung des nahegelegenen Ortes Niederwenigern erbauten Wasserturm.

» Sie können Ihre Tour über Niederwenigern oder Bochum-Dahlhausen weiter in Richtung Essen-Steele bzw. über Essen-Kupferdreh in Richtung Baldeneysee (▷ S. 157) fortsetzen. Auch die dort jeweils genannten Tipps sind von hier aus gut zu erreichen.

44 Einst ein bedeutendes Kirchspiel

St. Mauritius in Hattingen-Niederwenigern

Die höchst eindrucksvollen Dimensionen dieses neugotischen „Domes" inmitten des nach wie vor dörflich geprägten Ortsteils Niederwenigern überraschen und beeindrucken bis heute. Die enorme Größe der 1858-61 erbauten dreischiffigen Hallenkirche, deren polygonaler Chor noch von zwei Nebenchören flankiert wird, gibt auch Auskunft über die einstige Ausdehnung und Bedeutung der Pfarrei Niederwenigern, die als eine von nur Zweien im Hattinger Raum über die Reformation hinweg Bestand hatte. So gehörten zum Kirchspiel einst auch die Ortschaften Dumberg, Altendorf (heute Essen-Burgaltendorf), Byfang und Hinsbeck (heute Essen-Kupferdreh) sowie Linden und Dahlhausen. Die beiden letzten, heute Teile der Stadt Bochum, wurden 1858 als erste in die Selbständigkeit entlassen, alle übrigen folgten um die Jahrhundertwende. Dass die Ablösung der zum Teil weit abgelegenen Gemeindeteile keinesfalls immer einvernehmlich erfolgte, zeigt das Beispiel Burgaltendorf (▷ 51).

Wann die Pfarrei Niederwenigern gegründet wurde, ist nicht bekannt. Die Wahl des hl. Mauritius, des Schutzheiligen Kaiser Otto des Großen, zum Pfarrpatron legt aber eine bis auf das 10. Jahrhundert zurückreichende Geschichte nahe. Erstmals beurkundet wurde die Kirche 1147 als Besitz der Abtei Deutz.

Mit bis zu zwei Meter dicken Mauern und schmalen Fensterschlitzen war der romanische Turm, wohl um 1147 erbaut und

Imposant wie ein Dom ...

damit der älteste Teil des heutigen Gotteshauses, einst auch gegen Angriffe gewappnet. Obwohl bereits vor dem Neubau des Langhauses aufgestockt und um einen Spitzhelm erhöht, wirkt er

... *auch im Inneren*

neben diesem geradezu winzig.

Die Pläne für den neugotischen Prachtbau, dessen Seitenschiffe jeweils durch sechs Dreiecksgiebel akzentuiert sind, zeichnete der Kölner Domwerkmeister Friedrich Schmidt (▷ 13, 63), ab 1858 Professor in Mailand und später in Wien. 1889 wurde Schmidt für seine Verdienste, unter anderem um den Bau des Wiener Rathauses und des Stephansdoms, geadelt.

Für die bereits 1847 beschlossene Erweiterung der Kirche in Niederwenigern wurde das Ende des 18. Jahrhunderts erweiterte alte Langhaus komplett niedergelegt. Im Inneren finden sich heute nur noch geringe Spuren der romanischen Kirche. So ruht der Zelebrationsaltar auf zwei schlicht ornamentierten Kapitellen. Auch ein spätromanischer Taufstein, ein auf acht Säulen ruhendes oktogonales Becken, hat die Zeiten ebenso überdauert wie wesentliche Teile der neugotischen Ausstattung (Hochaltar, Beichtstühle, Kreuzweg, Orgel). Die historistische Ausmalung (1907) des lichtdurchfluteten Raumes erstrahlt seit 1999 wieder in neuem Glanz.

kath. Kirche St. Mauritius

Domplatz 1
Hattingen-Niederwenigern

Ö: So 14-16 Uhr
F: Führungen auf Anfrage möglich (02324-40349)
V: Gelegentlich Konzerte (▷ Aushang)
P: Einige Parkplätze in der Nähe
G: Gastronomie in der Umgebung

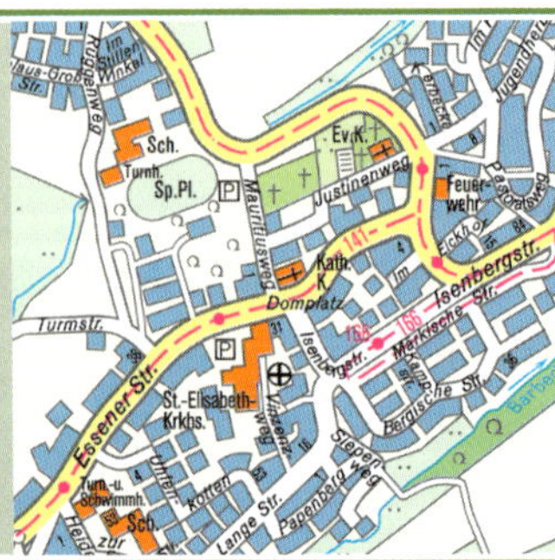

45 Zunächst nur Mitbesitzer eines Kirchturms

Die ev. Kirche in Hattingen-Niederwenigern

An die Größe und Pracht des „Doms" von Niederwenigern reicht die evangelische Kirche nicht ganz heran. Das verwundert aber auch kaum, denn die Bevölkerung in Niederwenigern blieb auch nach der Reformation immer überwiegend katholisch.

Allerdings hatte die Familie von Ketteler, Herren der nahegelegenen Burg Altendorf (▷ S. 148) im Jahr 1650 ein altes Vikarierecht an den Blankensteiner Pfarrer Cruse unter der Auflage übertragen, auch hier lutherische Gottesdienste abzuhalten. So hatten die Evangelischen in Niederwenigern zwar einen Seelsorger, aber noch keine Kirche. Versuche der clevischen Regierung, eine Übertragung oder zumindest Simultannutzung der katholischen

Ganz in preußischem Geiste gestaltet

Die Farbigkeit der jüngsten Ausmalung folgt historischen Befunden

Pfarrkirche (▷ 44) zu erzwingen, ließen sich aber gegen erbitterte Widerstände nicht durchsetzen. Lediglich der Turm gehörte fortan beiden Gemeinden: Die katholischen Glocken von St. Mauritius läuteten also für mehr als zweihundert Jahre auch zu evangelischen Gottesdiensten und Beerdigungen.

Erst 1875 konnte die evangelische Kirche am Rande des bereits 1842 angelegten Friedhofs eingeweiht werden. Bereits 1855 hatte

ev. Kirche Niederwenigern

Justinenweg 2
Hattingen-Niederwenigern

Ö: „Offene Kirche" im Sommer: Sa 18-19 Uhr
F: Führungen im Sommer: Sa 18-19 Uhr oder auf Anfrage (02324-40173)
V: Gelegentlich Konzerte (Info: 02324-40173)
P: Einige Parkplätze vor Ort
G: Gastronomie in der Umgebung

die, unter Einfluss des Bergbaus in Kupferdreh und Burgaltendorf auch im ländlichen Niederwenigern stark angewachsene Diasporagemeinde das hübsche, bruchsteinerne Pfarrhaus an der Essener Straße erbaut.

Die gegenüber ihrer katholischen Schwester deutlich bescheidenere Größe sowie die strengere Gestaltung der evangelischen Kirche ist Ausdruck nicht nur der beschränkten Mittel der Gemeinde. Trotz einiger neugotischer Schmuckformen atmet das Gotteshaus noch den Geist der seit den 1820er Jahren von der obersten preußischen Baubehörde in Berlin herausgegeben Musterentwürfe für Landkirchen.

Der übersichtliche Innenraum ist durch nur vier oktogonale Stützen in drei Schiffe geteilt. Dank der ungewöhnlich großen, vierbahnigen Maßwerkfenster wirkt die Hallenkirche lichtdurchflutet und weit, noch unterstrichen durch die im Jahr 2000 nach alten Befunden konzipierte, die einzelnen Architekturglieder schön betonende Neuausmalung.

In der Nähe finden Sie:

» Wer mehr über den 2001 seliggesprochen Widerstandskämpfer Nikolaus Groß erfahren möchte, der in St. Mauritius getauft und gefirmt wurde, dem sei ein Besuch im Nikolaus-Groß-Museum neben der kath. Kirche ans Herz gelegt (Domplatz 2a, So 10-12 Uhr, Do 18-20 Uhr und auf Anfrage (02324-40120).

» Sie können Ihre Tour über Essen-Burgaltendorf oder Bochum-Dahlhausen weiter in Richtung Essen-Steele oder über Essen-Kupferdreh in Richtung Baldeneysee (▷ S. 157) fortsetzen. Auch die dort jeweils genannten Tipps sind von hier aus gut zu erreichen.

St. Joseph in Essen-Horst

Essen

46 Ein ungewöhnliches Raumerlebnis

St. Joseph in Essen-Horst

Dass dieser im äußersten Südosten der heutigen Stadt Essen auf einer Anhöhe über dem Ruhrtal gelegene Stadtteil einst eine strategische Bedeutung gehabt haben muss, deutet bereits der Name Horst (Nest eines Greifvogels) an. Tatsächlich bestand hier schon zu Zeiten des Frankenkönigs Pippin, des Vaters Karl des Großen, eine Burg, die im Laufe der Jahrhunderte zu einem stattlichen Herrensitz ausgebaut wurde (s. u.). Mit der Industrialisierung, die hier aufgrund der Verfügbarkeit von Wasserkraft bereits im frühen 19. Jahrhundert ihren Anfang nahm, stieg auch die Bevölkerungszahl.

Der Wunsch nach einer eigenen katholischen Kirche führte 1885 zur Gründung eines Kirchbauvereins. Bereits im folgenden Jahr wurde der Bau der Josephskirche in Angriff genommen. Finanzieren konnte man jedoch zunächst nur das 1897 fertiggestellte Langhaus, einen dreischiffigen Bau aus Ruhrsandstein mit markanten Strebepfeilern und großem, siebenseitig geschlossenem Ostchor. In ganzer Pracht zeigt sich das neugotische Gotteshaus erst seit 1903. In diesem zweiten Bauabschnitt entstanden der mittig in die Eingangsfront einbezogene viergeschossige Turm mit hohem, fialenflankiertem Spitzhelm, das Querhaus und die Sakristei. Wie bereits für die erste Bauphase zeichnete der vielbeschäftigte Bochumer Kirchenarchitekt Hermann Wielers auch für diese 1900

kath. Kirche St. Joseph

Dahlhauser Straße 147
Essen-Steele (Horst)
www.st-joseph-essen.de

Ö: Sa, So 16-18 Uhr
V: Gelegentlich Veranstaltungen (▷ www)
P: Einige Parkplätze in der Umgebung

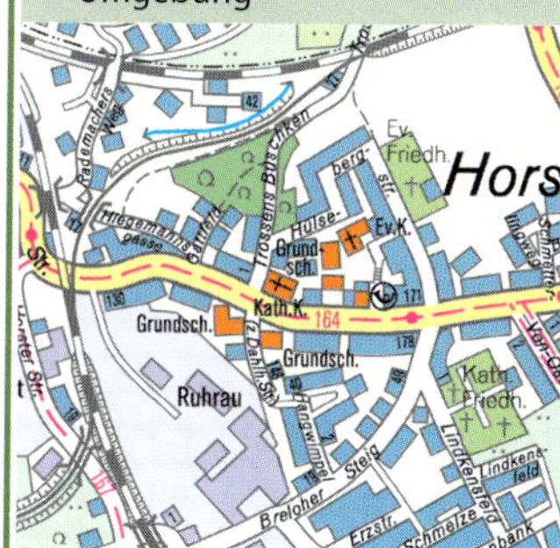

begonnenen Maßnahmen verantwortlich.

Das tief eingeschnittene und reich verzierte Turmportal empfangt den Besucher mit einer Figur des Kirchenpatrons, des hl. Josef. Nach dem Betreten der Kirche hat man zunächst den Eindruck, in einer imposanten fünfschiffigen Halle zu stehen. Bedingt ist dieser ungewöhnliche Raumeindruck durch die äußerst seltene Anordnung des Querhauses im Westen, knapp hinter dem Turm. Bemerkenswert sind auch größtenteils erhaltenen Originalverglasungen.

In der Nähe finden Sie:

» Der Herrensitz Haus Horst ist noch in Teilen erhalten, so die Kapelle von 1359, Türme und Wehrmauern (16./17. Jh.) sowie die aus Steinen der zerfallenen Hauptburg erbaute Meierei von 1680. Die alte Fliehburg lag wohl weiter östlich, bei Ausgrabungen entdeckte man 1934 in den Wallanlagen Keramikfunde aus dem 9. und 10. Jahrhundert (Haus Horst 1-3, ca. 5 min mit dem Auto, Privatbesitz – kein Zugang).

» Unweit Haus Horst liegt auch das „Ruhrkämpfer-Ehrenmal". Kreisförmig auf einer Terrasse über dem Ruhrtal aufgestellte Steinstelen sollten ursprünglich an bei der Niederschlagung der Arbeiteraufstände 1918-20 gefallene Mitglieder der Reichswehr, des Freikorps und anderer paramilitärischer Verbände erinnern. 1934 errichtet, diente es der NS-Propaganda, heute ist es den Opfern des Faschismus gewidmet.

» Gegenüber der auf Betreiben Friedrichs II. im Zuge der Schiffbarmachung der Ruhr 1774-75 erbauten Schleuse Horst ist ein bedeutendes Industriedenkmal erhalten: Kernstück ist die seit dem 12. Jahrhundert bestehende Horster Mühle, die während des Schleusenbaus hierher verlegt wurde. An Franz Dinnendahl, den 1775 hier geborenen Dampfmaschinenpionier (▷ S. 179), erinnert eine Gedenktafel. Um 1910 wurde die inzwischen als Karbidfabrik genutzte Mühle erweitert und ein noch heute betriebenes Turbinenkraftwerk erbaut (In der Lake, ca. 5 min mit dem Auto).

» Oberhalb der Karbidfabrik liegt die in den 1840er Jahren erbaute klassizistische Villa des Fabrikanten Friedrich W. Fürchtegott Niemann, seinerzeit Inhaber des Hauses Horst wie der Horster Mühle (Antonienallee 1-3).

» Ruhrabwärts lockt der Baldeneysee mit unzähligen Freizeitangeboten und Haltepunkten der „Weißen Flotte" (ca. 15 min mit dem Auto, ▷ S. 157).

» Sie können Ihre Tour über Bochum-Sevinghausen und Dahlhausen nach Hattingen oder über Essen-Steele weiter ruhrabwärts fortsetzen. Auch die dort jeweils genannten Tipps sind von hier aus gut zu erreichen.

47 Nicht prächtig genug...

Die Fürstin-Franziska-Christine-Stiftung in Essen-Steele

Als Franziska Christine, Prinzessin von der Pfalz und Fürstäbtissin der Stifte Essen und Thorn den 1764 begonnenen ersten Bauabschnitt des von ihr gestifteten Waisenhauses am Rande der Steeler Altstadt besichtigte, entließ sie den mit der Planung beauftragten Düsseldorfer Hofbaumeister Kees auf der Stelle. Ihren spontanen Entschluss soll sie mit den Worten begründet haben,

Die Barockfassade der Kirche dominiert den langgestreckten Stiftsbau

das Haus sehe aus wie eine Schäferei. Kees' Nachfolger, der Düsseldorfer Baumeister Joseph Judas, wusste besser auf das Repräsentationsbedürfnis seiner mächtigen Auftraggeberin einzugehen, überarbeitete die Pläne erheblich und konnte den langgestreckten Barockbau bis 1769 vollenden.

Besonders hervorgehoben ist die in der Mitte des Komplexes angeordnete, risalitartig vorgezogene Fassade der Kirche. Sie ist mit einem volutenverzierten Schweifgiebel bekrönt, über dem noch ein barockes Türmchen mit Laterne aufragt. Der hohe gestalterische Anspruch der mächtigen Fürstäbtissin ist aber nicht allein aus der karitativen Aufgabe des Gebäudes zu erklären: Im Westflügel lagen ihre eigenen Gemächer, unter anderem ein Kabinett, ein Speisezimmer und ein großer Audienzsaal mit anschließendem Billardzimmer. Hier verbrachte sie ihren Lebensabend unter Kindern, samt Hofstaat und Kammermohr Ignatius Fortuna. Beide sind in der Kirche bestattet. Dem Geschick der Äbtissin, ihrer Stiftung ein Jahr vor ihrem Tode 1776 eine ganz weltliche Rechtsform zu geben, ist es zu verdanken, dass diese Einrichtung die Säkularisation des Stiftes Essen 1802 bis heute überdauert hat.

Die reiche Barockausstattung der Kirche ist sehr sehenswert, die Figuren werden dem Bildhauer Joseph Feil aus Münster zugeschrieben. Die Gemälde in den drei Altären mit Darstellungen der Himmelfahrt Marien, des hl. Joseph und des hl. Aloysius von Gonzaga, dem Patron der Jugend, schuf der berühmte Koblenzer Maler Januarius Zick.

Fürstin-Franziska-Christine-Stiftung

Steeler Straße 642-646
Essen-Steele

Ö: Besichtigung der Kirche nach Anmeldung an der Pforte möglich
F: Gruppenführungen auf Anfrage möglich (0201-563020)
V: Gelegentlich Konzerte u.a. (Info: 0201-563020)
P: Parkplätze und -häuser in der Steeler Ortsmitte
G: Gastronomie in der Steeler Ortsmitte

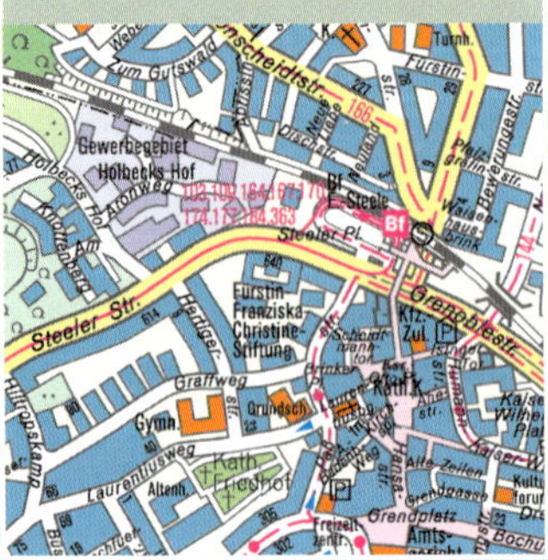

48 „Dom“ mit Kaiserkrone

St. Laurentius in Essen-Steele

Auf dem Laurentiusberg, hoch über den megalomanen Bausünden, mit denen die Planungseuphorie der 1960er und 1970er Jahre das alte Steele umgekrempelt hat, thront die altehrwürdige Laurentiuskirche, im Volksmund „Steeler Dom“ genannt.

Der Düsseldorfer Architekt August Rincklake (▷ 5), Schüler des Wiener Dombaumeisters Friedrich von Schmidt (▷ 13, 44, 63), schuf dieses vielgestaltige und reich gegliederte neugotische Gotteshaus 1870-73 als Ersatz für eine baufällige, ursprünglich um 1360 erbaute und seither mehrfach erweiterte spätromanische Kirche an gleicher Stelle. Diese Situation stellte besondere Herausforderung für die Planer dar, bestand doch die Gemeinde darauf, die alte Kirche solange nutzen zu können, bis der Neubau wenigstens provisorisch für Gottesdienste hergerichtet sei. So entstanden bis 1872 zunächst der Turm und das dreischiffige basilikale Langhaus. Nach Abriss der alten

Das Langhaus der Laurentiuskirche öffnet sich zu einem weiten Oktogon

Der majestätische „Steeler Dom“

Vor allem der zweite Bauabschnitt der Laurentiuskirche ist von großartiger Raumqualität: Wie der Zentralraum sind auch der Chor, die Kapellen und Sakristeien im Grundriss achteckig. Reizvoll sind auch die sich aus dieser Form ergebenden Sternrippengewölbe im Inneren.

Der achtgiebelige obere Abschluss des zentralen Oktogons – darüber ein steiler Pyramidhelm mit nadelspitzem Dachreiter, der kaum niedriger als der Helm des Hauptturms erscheint – hat nicht zufällig die Form einer Kaiserkrone. Er soll daran erinnern, dass Kaiser Otto I. im Jahre 938 in Steele einen Hoftag abgehalten hatte. Zu Ehren des Kaisers, der am Laurentiustag 955 auf dem Lechfeld die Ungarn besiegt hatte, war bereits die erste, im 11. Jahrhundert erbaute Steeler Kirche unter den Schutz des hl. Laurentius gestellt worden.

Der neugotische Flügelaltar, geschaffen von dem Kunsttischler

Kirche wurden der wuchtige achteckige Zentralraum, Chor, Seitenkapellen und Sakristeien angefügt. Bereits im November 1873 vollendet, konnte die Kirche wegen der Restriktionen des Kulturkampfes jedoch erst Anfang 1875 konsekriert werden; der mit Ungeduld erwartete feierliche Einzug der Gemeinde glich einer Demonstration.

Bernhard Rincklake aus Münster, einem Bruder des Architekten, blieb bei der 1969-71 unter Leitung des Kölner Bildhauers Rudolf Peer durchgeführten qualitätvollen Umgestaltung des Innenraumes erhalten. Im Sinne der Liturgiereformen des II. Vatikanischen Konzils schuf Peer zusätzlich zu diesem Hochaltar einen Zelebrationsaltar, der weit in das Oktogon vorgezogen und damit näher bei der Gemeinde Aufstellung fand.

kath. Kirche St. Laurentius

Paßstraße 7
Essen-Steele
www.sankt-laurentius.info

Ö: Di bis So 9-12, 15-ca. 19 Uhr
V: Gelegentlich Konzerte etc. (Info: 0201-510576)
P: Parkplätze und -häuser in der Steeler Ortsmitte
G: Gastronomie in der Steeler Ortsmitte

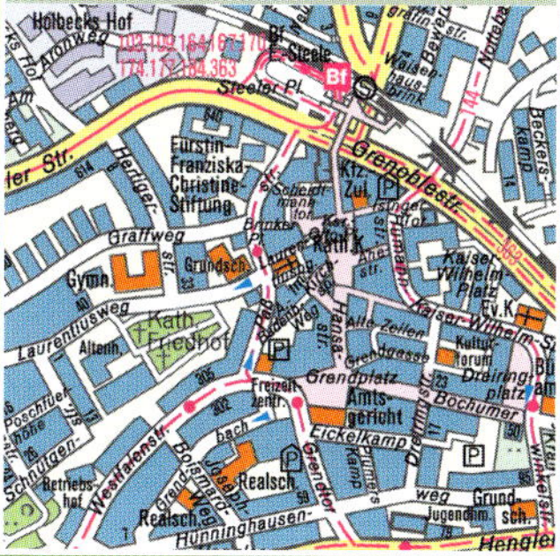

In der Nähe finden Sie:

» Nach dem Flächenabriss im Steeler Stadtkern steht die 1871-72 erbaute evangelische Friedenskirche (Architekt Julius Flügge, Essen) etwas verloren am Rande des Dreiringplatzes. Der an hochgotischen Formen orientierte Tuffsteinbau ist als Emporenhalle konzipiert. Die gesamte neugotische Ausstattung ist samt der Holzgewölbe erhalten und geschmackvoll restauriert, ein nicht nur für Essen selten vollständig erhaltenes Beispiel evangelischen Kirchenbaus nach den Forderungen des Eisenacher Regulativs von 1861 (Kaiser Wilhelm Straße 37, ca. 5 min zu Fuß).

» Nahe der Ruhr liegt das familiäre Freibad Steele mit Liegewiese und beheiztem Becken (Westfalenstraße 210a, ca. 5 min mit dem Auto, in der Saison: Mo bis Do 9-19 Uhr, Fr bis So 9-20 Uhr)

» Sie können Ihre Tour über Essen-Horst und Bochum-Dahlhausen oder über Essen-Überruhr und Kupferdreh in Richtung Hattingen oder weiter ruhrabwärts in Richtung Baldeneysee und Essen-Werden fortsetzen. Auch die dort jeweils genannten Tipps sind in max. 20 min mit dem Auto zu erreichen.

49 Das „Ufo" auf der Ruhrhalbinsel

St. Suitbert in Essen-Überruhr

Manch einer wird sich wohl Mitte der 1960er Jahre gefragt haben, ob es sich bei diesem, mitten in einem Wohngebiet Holthausens gelegenen, futuristischen Bau um ein Objekt von einem anderen Stern handelt. Die Rede ist von der 1963-66 erbauten katholischen Kirche St. Suitbert, dem sicherlich außergewöhnlichsten Sakralbau Essens, vielleicht sogar dem kompromisslosesten Bauwerk der Nachkriegsmoderne im Stadtgebiet überhaupt. Der prominente Düsseldorfer Architekt Josef Lehmbrock gestaltete das Gotteshaus in enger Zusammenarbeit mit dem nicht minder bekannten Kölner Statiker Prof. Stefan Polonyi nach der Idee eines Zeltes, das der Gemeinde „auf dem Weg zu Gott" Schutz bieten soll. Diese Idee wurde buchstäblich in Beton gegossen: Das höchst dynamische, aus der Form eines hyperbolischen Paraboloids geschnittene Betonschalendach ist nur an zwei Punkten in der Erde verankert, ansonsten

Das geschwungene Kirchendach ist nur aus der Luft mit einem Blick zu erfassen

Indirekt einfallendes Licht schafft eine höchst stimmungsvolle Atmosphäre

trägt die Konstruktion sich dank ihrer statischen Eigenschaften selbst. Auch bautechnisch ist sie höchst interessant, obwohl das Dach – wie ein Sattel – doppelt gekrümmt ist, lassen sich die Schalungen für den Betonguss aus geraden Brettern zimmern.

Ganz von der Dachform bestimmt ist auch der im Grundriss annähernd querovale Innenraum. Lehmbrock schloss die offenen Seiten durch gegeneinander versetzt angeordnete und weder untereinander noch mit dem Schalendach verbundene Betonwinkel. So zeichnen schmale Lichtbänder an den Längsseiten den dynamischen Schwung des wie schwebend wirkenden Daches nach. Durch die senkrechten Schlitze zwischen den Winkeln fällt weiteres indirektes Licht ein. Eine solcherart als Plastik verstandene Architektur legte es nahe, die schalungsrauhen Betonoberflächen nicht zu verkleiden und so den kühnen

kath. Kirche St. Suitbert

Klapperstraße 72-74
Essen-Überruhr (Holthausen)
www.mariaeheimsuchung.de

Ö: Tagsüber ist der verglaste Windfang der Kirche zugänglich
P: Parkplätze vor Ort

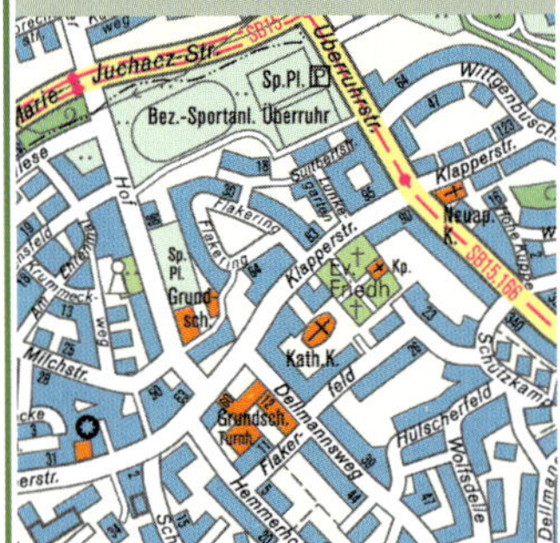

Raum allein aus sich selbst, nur durch das stimmungsvolle Spiel des Lichtes verstärkt, wirken zu lassen.

Leider erwiesen sich die zu dünn dimensionierten Betonwinkel als nicht für die Ewigkeit erbaut. Mitte der 1980er Jahre war eine Sanierung notwendig, in deren Zuge die Fassade einen Überzug aus Thermoputz mit unpassend grober Oberfläche erhielt. Bei dieser Gelegenheit entstand auch der an einen Rundtempel erinnernde Portalvorbau. Der Innenraum, der manchem wohl mittlerweile in seiner schlichten Ruhe als zu spröde und kühl erschien, wurde durch den Kirchenmaler H. Dörr farbig gefasst: Lebhafte geometrische Muster in abgestuften Orange- und Blautönen brechen die Strenge auf und lassen die Wände vor dem Auge verschwimmen.

In der Nähe finden Sie:

» Nahe der Ruhr gelegen, ist auch die 1881-82 erbaute evangelische Stephanuskirche einen Blick wert. Die an frühgotischen Vorbildern orientierte Backsteinkirche (Architekt August Hartel, Krefeld) zeigt innen eine eigenwillige Verbindung aus Basilika- und Hallenform (Langenberger Straße 434, ca. 2 min mit dem Auto).

» Obwohl bereits 1969 stillgelegt, zeugt das in den 1950er Jahren erbaute Fördergerüst der Zeche Heinrich noch heute vom einstigen Hauptarbeitgeber in Überruhr (Langenberger Straße, etwa 500 m südlich der Stephanuskirche, ca. 2 min mit dem Auto).

» Von Überruhr aus können Sie Ihre Tour über Essen-Kupferdreh nach Hattingen-Niederbonsfeld bzw. ruhrabwärts in Richtung Baldeneysee und Essen-Werden oder über Essen-Burgaltendorf nach Hattingen-Niederwenigern fortsetzen. Auch die dort jeweils genannten Tipps sind von hier aus gut zu erreichen.

50 Spur der Steine führt in alle Welt

Die ev. Christuskirche in Essen-Kupferdreh

In ihrer symmetrischen Strenge und mit dem, von dunkelroten Bändern durchzogenen, gelblichen Ton ihrer Backsteinfassaden erinnert die Christuskirche gleichermaßen an den Mitte des 19. Jahrhunderts aufkommenden Berliner Rundbogenstil wie an romanische Vorbilder. Den Entwurf für diesen fein gegliederten Bau hatte jedoch kein prominenter Architekt aus der Großstadt geliefert, sondern der in Kupferdreh ansässige Baumeister und Bauunternehmer Bovensiepen. Dessen Talent allerdings war

Durch Arkaden mit dem Pfarrhaus verbunden

seinerzeit weit über die Grenzen der kleinen Industriegemeinde an der Ruhr hinaus bekannt und geschätzt, wie heute denkmalgeschützte Bauten aus seiner Feder in Witten und Essen-Werden belegen.

1877-79 waren zunächst die Westfassade und ein kleiner Betsaal entstanden, der 1893 in identischen Formen um Querhaus und Apsis erweitert wurde. Obwohl die Hauptfassade offensichtlich für die Aufnahme zweier Türme angelegt war, wurde ursprünglich nur einer ausgeführt. 1957 wurde dieser durch einen gut angepassten, modernen Glockenturm ersetzt (Architekt R. Jerichow, Essen).

Eine Spur im Boden, gefügt aus 196 Steinplatten aus aller Welt, leitet im Inneren vom Portal bis zum Altar, der ebenso wie die übrigen Prinzipalstücke aus Ruhrsandstein gearbeitet ist. Diese schlüssige, 1994 von dem Essener Designer Prof. Friedhelm Strüwe entworfene Gesamtgestaltung versinnbildlicht die Idee des „Weges nach Jerusalem". Sehenswert sind auch die 1963 von der Künstlerin Ursula Hirsch geschaffenen Buntglasfenster (in der Apsis mit den Motiven Weihnachten, Ostern und Pfingsten) sowie der beeindruckende, originale „englische" Holzdachstuhl.

Steinspur zum Altar

ev. Christuskirche

Dixbäume 87
Essen-Kupferdreh
www.kgm-kupferdreh.de

Ö: Besichtigung auf Anfrage möglich (0201-480354).
P: Wenige Parkplätze unterhalb der Kirche (Kupferdreher Straße)
G: Gastronomie in der Umgebung

In der Nähe finden Sie:

» Die katholische Kirche St. Mariae Geburt im Ortsteil Dilldorf wurde 1877-79 gleichzeitig mit der Christuskirche erbaut, der Turm 1886-87 ergänzt. Vor allem innen zeigt sie bemerkenswerte neugotische Details, die ihren vielbeschäftigten Baumeister, den Franziskanerpater Paschalis (▷ S. 189), als begabten Entwerfer ausweisen. Dabei war dieser, 1819 in Essen-Werden geboren, „nur" gelernter Orgelbauer und damit als Architekt Autodidakt (Dilldorfer Straße 34, ca. 5 min mit dem Auto).

» Das Tal des Deilbachs ist ein typisches Gewerbetal. Von der langen Tradition seiner Nutzung zeugen eine Hammerschmiede des 18. Jh. (Eisenhammerweg), die nach 1850 erbauten Gebäude des Kupferhammers (Nierenhofer Straße 8-10) und die Deiler Mühle (Nierenhofer Straße 24). Die bis ins 18. Jh. zurückreichende Bergbaugeschichte am Ort dokumentieren ein Stollenmundloch des Himmelcroner Erbstollens, einige um 1900 errichtete Bauten der ehemaligen Zeche Victoria (Nierenhofer Straße 68) und die einstige Verwaltung der 1906-08 abgeteuften Zeche Adler (Deilbachtal 40).

» Der 1898 eingeweihte Bahnhof Kupferdreh, heute ein Restaurant mit beliebtem Biergarten (Prinz-Friedrich-Straße 1), liegt direkt am Ostende des Baldeneysees (▷ S. 157). Neben dem Anleger der „Weißen Flotte" (Info: 0201-8404360, www.flotte-essen.de) starten hier auch museale Dampfzüge ihre Fahrten durch das reizvolle Ruhrtal (Info: 0201-644382, www.hespertalbahn.de).

» Flussaufwärts liegt die Gartenwirtschaft „Fährhaus Rote Mühle" idyllisch am Heisinger Ruhrufer. Hier wohnte neben dem Fährmann einst auch der Wärter der benachbarten Schleuse (Rotemühle 1, ca. 5 min mit dem Auto).

» Der Schellenberger Wald, ebenfalls auf der anderen Ruhrseite, lädt zu langen Spaziergängen ein. Restaurants und Biergärten bieten herrliche Ausblicke auf den Baldeneysee, so das „Jagdhaus Schellenberg" (Heisinger Straße 170a), die „Schwarze Lene" (Baldeney 38) und die „Heimliche Liebe" (Baldeney 33, ca. 15 min mit dem Auto).

» Im Schellenberger Wald finden sich auch die Burg Haus Ruhreck (Heisinger Straße) und die Ruine Neu Isenburg, vom Sohn des 1226 wegen Mordes hingerichteten Grafen Isenberg 1242 als Ersatz für den geschleiften Familiensitz bei Hattingen (▷ S. 126) erbaut (Bottlenberg, ca. 15 min mit dem Auto).

» Von Kupferdreh aus können Sie Ihre Tour über Burgaltendorf oder Niederbonsfeld nach Hattingen bzw. rechts der Ruhr in Richtung Baldeneysee und Essen-Werden fortsetzen. Auch die dort jeweils genannten Tipps sind von hier aus gut zu erreichen.

51 Die Geduld hatte ein Ende

Herz Jesu in Essen-Burgaltendorf

Erste Bemühungen der Burgaltendorfer Katholiken um Selbständigkeit in den 1880er Jahren waren noch im Sande verlaufen, aber der 1890 gegründete Kirchbauverein blieb unbeirrbar. Beim Beschaffen des Baukapitals war man findig in der Bauern- und Bergarbeitergemeinde, neben Sammlungen wurden auch Lotterien und Konzerte veranstaltet. Die Mutterpfarrei Niederwenigern, die erst rund 30 Jahre zuvor selbst ein riesiges Gotteshaus gebaut hatte (▷ 44), war gegen die

Ein kolossaler Innenraum

Loslösung, weil sie den Burgaltendorfer Kirchenbau nicht mitbezahlen wollte und die ortsansässigen Kaufleute wohl auch einen Umsatzrückgang durch Ausbleiben der Kirchgänger befürchteten. Mehrfaches Einschalten des Generalvikariats in Paderborn, Hartnäckigkeit und manch diplomatischer Kniff führten dann doch noch zum Ziel: Bereits 1894 lag ein Bauplan des Gelsenkirchener Architekten Lambert von Fisenne vor, zwei Jahre später wurde ein eigener Seelsorger eingeführt. Die letzte Baugenehmigung ließ jedoch bis 1898 auf sich warten – eine harte Geduldsprobe. Voller Trotz errichtete man dann, entgegen der bischöflichen Weisung, die Kirche bis 1900 gleich in voller Größe. Nur der Nordturm, von Fisenne hatte ursprünglich sogar eine Doppelturmfassade vorgesehen, entstand erst 1913. Und die Dimensionen der Herz-Jesu-Kirche sind gewaltig, auch die Seitenschiffe und das Querhaus der dreischiffigen Basilika erreichen eine sehr stattliche Breite. Der Turm mit seinem Rhombendach folgt, wie der gesamte Bau, Vorbildern der rheinischen Romanik.

Die Klage der Gemeinde, man habe die Kirche 1932-33 ein zweites Mal zur Hälfte neu errichten und bezahlen müssen, bezieht sich auf die seinerzeit dringend notwendige Sanierung erheblicher Bergschäden, bei der das ursprüngliche, sehr einfache Rabitz-Tonnengewölbe durch die heutige, sehr viel stabilere Holzkassettendecke ersetzt wurde.

Der Innenraum ist nach mittelalterlichen Vorbildern im „gebundenen System" angelegt, das heißt, ein Mittelschiffjoch ist jeweils so tief wie zwei Seitenschiffjoche. Bei den Stützen wechseln sich Rundsäulen und eckige Pfeiler ab. Höhepunkte des 1989-90

kath. Kirche Herz Jesu

Alte Hauptstraße 61,
Ecke Kirchstraße
Essen-Burgaltendorf
www.herz-jesu-essen.de

Ö: Täglich 9-18 Uhr
V: Gelegentlich Konzerte (▷ www)
P: Einige Parkplätze in der Nähe
G: Gastronomie in der Nähe

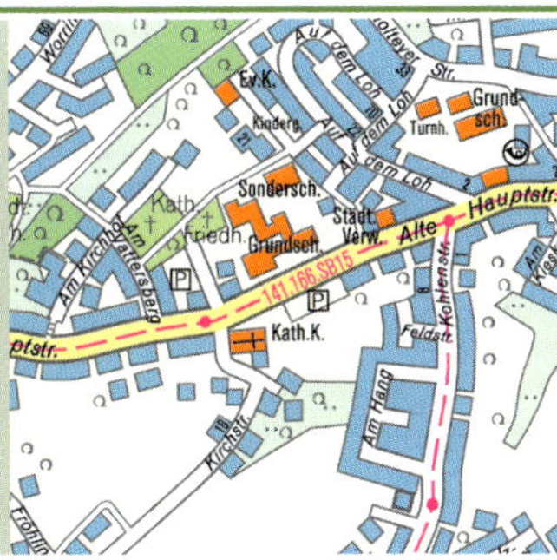

Auch die äußeren Abmessungen der Burgaltendorfer Basilika sind gewaltig

farbig neu gefassten Innenraumes sind der neuromanische Hochaltar (1904) und die fünf Chorfenster mit expressiven Darstellungen des Leidens Christi (1926-30, Wilhelm Remmes, Köln).

In der Nähe finden Sie:

» Spätestens im 12. Jahrhundert entstand die sehenswerte, noch bis 1750 bewohnte Burg Altendorf, die einst durch Ringmauern und Wassergräben geschützt war. Der Wohnturm der Hauptburg gehört, weitgehend erhalten, heute zu den größten zwischen Rhein und Weser und bietet einen reizvollen Blick über Burgaltendorf und Umgebung (Burgstraße 2, ca. 2 min zu Fuß).

» Restaurant und Bistro in Mintrops Landhotel unterhalb der Burg (Schwarzensteinweg 81, ca. 5 min zu Fuß).

» Sie können Ihre Tour über Niederwenigern nach Hattingen-Mitte oder über Niederbonsfeld und Essen-Kupferdreh nach Essen-Werden fortsetzen. Auch die dort jeweils genannten Tipps sind von hier aus gut zu erreichen.

52 Letztes Großwerk der rheinischen Romanik

St. Ludgerus in Essen-Werden

Die mit 95 Metern Länge und zwei wuchtigen Türmen bereits von weitem sehr beeindruckende St.-Ludgerus-Basilika am Rande der Werdener Altstadt besteht, genauer betrachtet, sogar aus zwei Kirchen. Der östliche Teil, eine Emporenbasilika mit dem gewaltigen achteckigen Vierungsturm wurde im Jahre 1275 durch den hl. Albertus Magnus geweiht und gilt als das letzte große Bauwerk der Romanik im Rheinland. Er entstand auf den Fundamenten der erstmals im Jahre 805 geweihten und bereits 875 durch einen größeren Neubau ersetzten Salvatorkirche, die 1256 einem Brand zum Opfer gefallen war. Dieser Ostteil schließt direkt an das 943 geweihte monumentale Westwerk mit seinem kubischen Turm an, das als Marien-, später auch als Peterskirche, einst eine eigene funktionelle Einheit bildete. Im 11. Jahrhundert um eine Vorhalle erweitert und im 11. und 13. Jahrhundert innen verändert, ist dieser heute älteste ottonische Teil der Ludgeruskirche in seiner kargen Geschlossenheit außen wie innen gut von den deutlich „leichteren" Formen des spätstaufischen Teiles zu unterscheiden. Und dass, obwohl der seit der Säkularisation der Abtei (▷ 53) im Jahre 1802 nur mehr als Pfarrkirche genutzte Gesamtbau im 19. Jahrhundert mehrfach „restauriert" und damit nach dem Geschmack jener Zeit vereinheitlicht worden war.

Gründer der Kirche und der benachbarten Abtei war der Friese Liudger, der 792 von Karl dem Großen mit der Mission im fränkisch-sächsischen Grenzgebiet

Im Vordergrund das ottonische Westwerk

betraut, 805 zum ersten Bischof von Münster geweiht und auf seinen Wunsch hin unter einem Baum nahe der 799 von ihm begründeten Kirche und Abtei Werden begraben wurde. Da schon bald Pilger sein Grab besuchten, war bereits die zweite, 875 geweihte Kirche über diesem erbaut worden. Im Jahre 1059 wurden

Erhabenheit im Inneren

die Gebeine des hl. Liudger unter den Hochaltar übertragen und die Krypta um einen ringförmigen Umgang erweitert.

Zur eindrucksvollen Erhabenheit des harmonisch gegliederten Innenraumes der nach ihrem Gründer benannten Ludgeruskirche tragen vor allem die hochgelegenen Rosettenfenster in den Langhauswänden bei. Aus der Vielzahl bemerkenswerter Details sollen hier nur die Reste der Wandmalereien des 10. Jahrhunderts im Westwerk und der barocke Hochaltar, dessen mittleres Bild mit dem „Baumwunder" auf die Werdener Gründungslegende Bezug nimmt, erwähnt werden.

kath. Propsteikirche St. Ludgerus

Brückstraße 52
Essen-Werden
www.bistum-essen.de
(▷ Kirche vor Ort)

Ö: Kirche täglich 10-18 Uhr, Schatzkammer Di bis So 10-12, 15-17 Uhr zugänglich.
F: Führungen (Kirche und Schatzkammer) auf Anfrage möglich (0201-404281).
V: Unregelmäßig Konzerte (Info: 0201-490050)
P: Großer Parkplatz vor Ort
G: Gastronomie in der Nähe

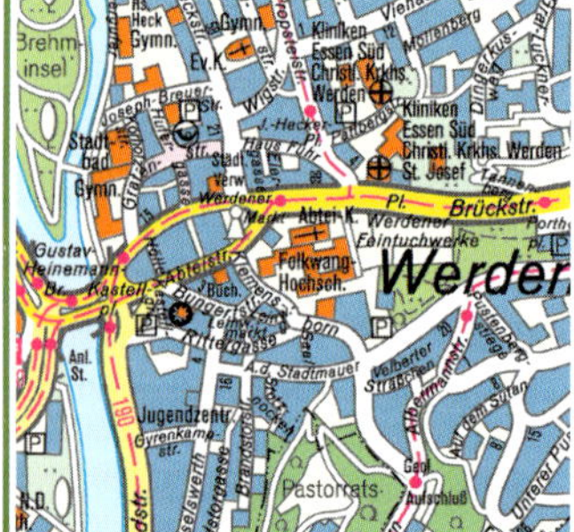

53 Demonstration der Macht

Die ehemalige Benediktinerabtei in Essen-Werden

Die bereits 799 durch Liudger (▷ 52) im Ruhrtal bei Werden als geistliche Zelle seiner Missionsarbeit im konfliktträchtigen Grenzgebiet zwischen Franken und Sachsen begründete Abtei sollte eine Stätte des Gebets und der Arbeit nach der Benediktinerregel sein. Die einstige Bedeutung der späteren Reichsabtei lässt sich an der Ausdehnung ihres Grundbesitzes erahnen, der bis zur Säkularisation als der größte des alten Deutschen Reiches galt. Anhand der Verzeichnisse der dieser Abtei lehnshörigen Bauern aus dem 9. bis 12. Jahrhundert lassen sich die einstigen Grenzen dieses Gebietes zwischen Ruhr und Emscher ungefähr umschreiben: Bochum-Wattenscheid im Westen, Bochum-Stiepel (▷ 30) und Witten-Heven

Der Ehrenhof der Abtei Werden im Schatten der Türme der Ludgeruskirche

(▷ 28) im Süden, Alt-Dortmund im Osten sowie Herne, Castrop und Dortmund-Mengede im Norden.

Die heutigen Bauten im Schatten der Ludgeruskirche wurden im wesentlichen zwischen 1737 (Meierei) und 1794 (Rokoko-Torbau am Klemensborn) erbaut. Die barocke Pracht der einen zentralen Innenhof umschließenden und nach Westen hin durch zwei Flügelbauten um einen repräsentativen Ehrenhof erweiterten Anlage künden von der seit dem 17. Jahrhundert wiedererstarkten Macht der Fürstäbte von Werden. Diese zweite Blütephase endete allerdings bereits 1802 abrupt mit der Säkularisation, der Inbesitznahme der Abtei und ihrer Güter durch den preußischen König infolge der napoleonischen Neuordnung Europas. Die Meierei wurde noch im gleichen Jahr an eine Tuchfabrik vermietet, die übrigen Gebäude bezog 1811 eine königlich preußische Strafanstalt. Seit 1946 nutzt die Folkwangschule, eine international renommierte Hochschule für Musik, Theater und Tanz die geschichtsträchtigen Mauern. Die regelmäßig veranstalteten Konzerte und Aufführungen der jungen Künstler sind hörens- und sehenswert.

Rokoko-Torbau am Klemensborn

ehem. Benediktinerabtei Werden

Klemensborn 39, Brückstraße 54
Essen-Werden
www.folkwang-hochschule.de

Ö: Anlage öffentlich zugänglich
V: Regelmäßig Konzerte und Aufführungen (▷ www)
P: Großer Parkplatz östlich der Kirche (Brückstraße)
G: Gastronomie in der Nähe

54 Herrschaftliche Auffahrt für die Stifter

Die ev. Kirche in Essen-Werden

Der kompakte, im Grundriss annähernd ein von einem Quadrat umschlossenes griechisches Kreuz abbildende Zentralbau mit seinem imposanten Westturm erhebt sich voller Stolz über die Werdener Altstadt. Unverkennbar war die Absicht der Bauherren, der bedeutenden katholischen Ludgeruskirche ein mindestens gleichwertiges Bauwerk gegenüberzustellen. Dies verwundert auch kaum, hatten sich die Protestanten in Werden doch bis zur Einweihung dieses großzügigen Neubaus im Jahr 1900 mit sehr viel bescheideneren Gotteshäusern begnügen müssen. Und dass, obwohl mit der Einführung des Abendmahls in „beiderlei Gestalt" im Jahre 1550 die Reformation in Werden bereits recht früh Einzug gehalten hatte.

Den Plan für diese in mehrfacher Hinsicht ungewöhnliche Kirche hatte ab 1893 der Kölner Architekt August Senz gezeichnet, der gleichzeitig auch die Restaurierungsarbeiten an der ehemaligen Abteikirche (▷ 52) leitete. In der Wahl der Bauformen bezog sich Senz auf die zur Zeit der Reformation vorherrschende Renaissance. Zentralraum und Kanzelaltar entsprachen der um 1900 noch umstrittenen Idee, den evangelischen Kirchenbau unter anderem durch eine größere Nähe der Gemeinde zum Gottesdienstgeschehen und einer so betonten „Einheit im Abendmahl" von katholischen Bautraditionen zu emanzipieren.

Das Innere, geprägt von frühchristlichen Vorbildern

Auffahrt zu einem imposanten Bau

Kunsthistoriker haben in der Raumkonzeption der Werdener Kirche aber auch Parallelen zu frühchristlich-byzantinischen Kreuzkuppelkirchen und damit auch zu bedeutenden Moscheen in Istanbul, die ihrerseits auf byzantinischen Vorbildern beruhten, nachweisen können. Dass dieser Vergleich nicht zu weit greift, belegt die erstaunliche Tatsache, dass Senz, der als junger Architekt an den Ausgrabungen in Pergamon mitgewirkt hatte, ein intimer Kenner der islamischen Baukunst war. In der überwiegend ornamentalen und floralen Wandmalerei ist ein weiterer Bezug zur orientalischen Kunst erkennbar.

Dank der vollständig erhaltenen Ausstattung, Jugendstilfenstern und der bis 1997 restaurierten reichhaltigen Ausmalung zeigt sich die Kirche mit ihrer phantastischen Raumwirkung heute ganz im Zustand von 1900. Da fällt es nicht schwer sich vorzustellen, wie die in der nahegelegenen Villa Hügel residierende Familie Krupp, die über eine eigene Stifterbank im Altarraum verfügte, über die hochherrschaftliche Auffahrt zum Kirchenportal chauffiert worden ist.

ev. Kirche Werden

Heckstraße 54-56
Essen-Werden
www.kirche-werden.de

Ö: Sa 11-13 Uhr
F: Sa 11-13 Uhr und auf Anfrage (0201-493325)
V: Regelmäßig Konzerte (▷ www)
P: Wenige Parkplätze in der Nähe
G: Gastronomie in der Umgebung

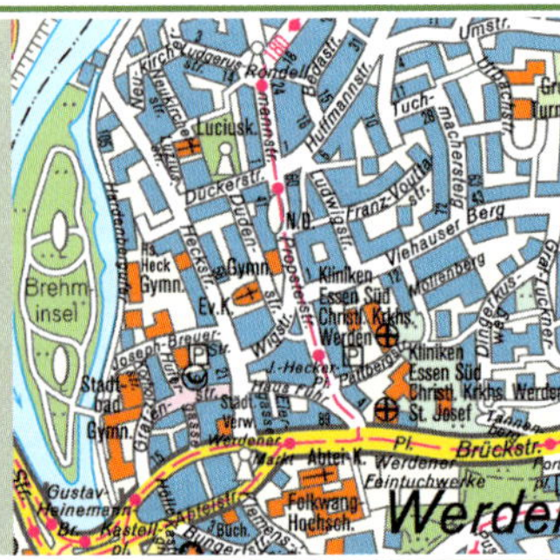

55 Beinahe die älteste Pfarrkirche diesseits der Alpen

St. Lucius in Essen-Werden

Lange Zeit galt die ab 995 zunächst als einfacher Saal mit Chorapsis erbaute Kirche, die bereits nach wenigen Jahrzehnten durch eine, am 1. Oktober 1063 dem hl. Lucius geweihte, flachgedeckte Basilika ersetzt worden war, als die älteste heute noch bestehende Pfarrkirche nördlich der Alpen. Da das Gotteshaus jedoch wohl länger als bislang angenommen eine unselbständige Filiale der Abtei Werden (▹ 53) war, muss man diesen Superlativ heute mit Vorsicht genießen. Doch wie es auch immer war, der kleine romanische Bruchsteinbau ist von urigem Charme und auf jeden Fall einen genaueren Blick wert.

Außen zeigt sich die Luciuskirche recht wehrhaft. Dem wuchtigen, im Grundriss quadratischen Westturm (Ende 11. Jh.) ist eine massive Vorhalle vorgelagert, in deren Tiefe das modern gestaltete Bronzeportal liegt. Zwei kleinere Türme auf den östlichen Seitenschiffjochen flankieren den Chor. Im Inneren zeigt das dreischiffige Langhaus einen für die rheinische Romanik typischen Wechsel zwischen runden Säulen und eckigen Pfeilern. Der östlich anschließende Staffelchor ist dreiteilig, die einzelnen Apsiden sind durch Arkaden miteinander verbunden. An der Chornordwand sind sowohl der ursprüngliche dreistufige Aufbau als auch Reste frühromanischer Wandmalereien erhalten.

Dass hier überhaupt noch ursprüngliche Details zu finden sind, grenzt an ein Wunder. Nach Auflö-

Trutzig – Vorhalle und Turm der Luciuskirche

Mühevoll wiederhergestellt – das Innere

sung der Abtei wurde die Kirche 1803 profaniert, als Stroh- und Truppenlager gebraucht, 1862 zur Bürgermeisterei und 1888 zu Wohnungen umgebaut. Die bereits 1906 begonnene Rekonstruktion der Kirche konnte jedoch erst 1958-59, unter anderem durch den Bau moderner Seitenschiffe, vollendet werden. Die heutige Ausmalung folgte teils historischen Befunden, teils Entwürfen das Hattinger Künstlers Egon Stratmann.

kath. Kirche St. Lucius

Luziusstraße
Essen-Werden

Ö: Tagsüber ist der verglaste Windfang der Kirche zugänglich
F: Führungen auf Anfrage möglich (0201-404281)
P: Einige Parkplätze in der Nähe
G: Gastronomie in der Umgebung

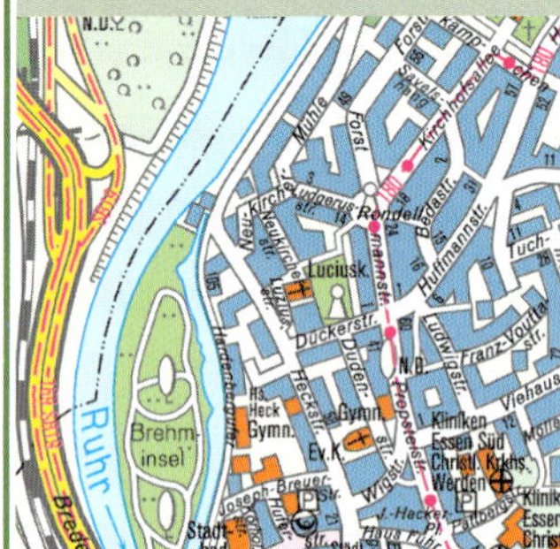

In der Nähe finden Sie:

» Mit seinen Kirchen, der hübschen Altstadt, dem Baldeneysee und einer Vielzahl an Freizeitangeboten (Info: www.baldeney-see.de) ist Essen-Werden einen Tagesausflug wert.

» Noch vor der Luciuskirche (▷ 55) entstand die 957 geweihte Clemenskirche. 1817 zerstört, sind heute nur die freigelegten Fundamente der Kirche sowie eine alte Quelleinfassung erhalten.

Der Legende nach soll hier bereits Liudger, der Gründer der Abtei Werden (▷ 53), Taufen vollzogen haben (Klemensborn, ca. 10 min zu Fuß von der Abtei).

» Das beste Eis, so sagen die Einheimischen, gibt es am Werdener Markt gegenüber dem hübschen Rathaus.

» Nur wenige Schritte von der ev. Kirche entfernt liegt Haus Heck, der Sage nach soll es von einem Ritter von der Hegge erbaut worden sein. Von einst vier Rundtürmen ist noch einer (11. Jh.) erhalten (Heckstraße 67).

» Ebenfalls nahe der ev. Kirche ist deren 1830-32 erbauter klassizistischer Vorgängerbau (Bauinspektor Felderhoff) zu finden, der 1909-10 zum Gemeindehaus erweitert wurde (Heckstraße 16, Haus Fuhr 7-9).

» Mit Kind und Kegel, Buch, Ball oder Picknickkorb geht es bei schönem Wetter auf die Brehminsel, einer grünen Oase an der Ruhr (Zugang am Stadtbad nahe Gustav-Heinemann-Brücke). An der Brücke werden auch Tret- und Ruderboote vermietet (Brückstraße 41).

» Am Anleger „Schleuse" startet die „Weiße Flotte" ihre Touren auf Baldeneysee und Ruhr (Hardenbergufer, ca. 10 min zu Fuß, Info: 0201-8404360, www.flotte-essen.de).

» Wer den Baldeneysee nicht zu Fuß, per Rad oder Inlinern umrunden (14 km) und trotzdem das Nordufer entdecken möchte, kann mit der S-Bahn zum Bahnhof „Hügel" oder mit dem Auto zu den Parkplätzen an der Freiherr-vom-Stein-Straße fahren (ca. 5 Min). Neben Wassersport, Restaurants und Biergärten locken hier das Licht- und Luftbad Baldeney und Minigolfplätze (nahe Schloss Baldeney bzw. Bootsanleger Heisingen).

» Einst wasserumwehrt war das direkt am See gelegene Schloss Baldeney mit altem Wohnturm und 1337 gestifteter Kapelle (Freiherr-vom-Stein-Straße 386a).

» Der Haltepunkt „Haus Scheppen" der Hespertalbahn, die romantische Dampfzugfahrten nach Kupferdreh (▷ S. 145) anbietet, ist zu Fuß (Hardenbergufer nach Osten), mit der „Weißen Flotte" oder dem Auto (Parkplatz Pörtingssiepen) zu erreichen (Info: 0201-644382, www.hespertalbahn.de).

» Rot- und Damwild, Wildschweine und Mufflons leben im Wildgatter im Heissiwald (zu Fuß vom Bahnhof Werden über Wilhelm-Bernsau-Weg, mit dem Auto zum Parkplatz am Weg zur Platte).

» Die Villa Hügel, Residenz der Familie Krupp, liegt direkt oberhalb des Bahnhofs Hügel. Toller Blick auf den Baldeneysee (Mo bis Sa 10-18 Uhr, Info: 0201-6162917, www.villahuegel.de)

» Von Werden aus können Sie Ihre Tour über Kupferdreh und Steele in Richtung Bochum, über Burgaltendorf in Richtung Hattingen oder ruhrabwärts nach Kettwig fortsetzen. Auch die dort jeweils genannten Tipps sind von hier aus gut zu erreichen.

Hoch über der Ruhr und den Fachwerkhäusern der Kettwiger Altstadt – die ev. Kirche

56 Von herber Schönheit

Die ev. Kirche am Markt in Essen-Kettwig

Inmitten der pittoresken Altstadt Kettwigs mit ihren bergischen Fachwerkhäusern liegt hoch über dem Ruhrtal die evangelische Kirche am Markt. Sie zeigt eine ihrer schönsten Ansichten, wenn man vom Tuchmacherplatz über die steile Treppe zu ihr emporsteigt.

Der Turm aus dem ersten Drittel des 13. Jahrhunderts ist der älteste Teil des komplett in Ruhrsandstein gemauerten Gotteshauses. Während des Neubaus der gegenüber ihrem Vorgänger stark vergrößerten, 1721 geweihten Saalkirche wurde der Turm zum Teil in das steile Satteldach des Langhauses einbezogen. Die im Stil des bergischen Barocks gegliederten Fassaden zeigen seitlich zwei schöne, inschriftenverzierte Barockportale. Das lateinische Chronogramm am Südportal enthält die Zahl 1720, in diesem Jahr war der Rohbau der Kirche fertiggestellt.

Der tonnenüberwölbte Innenraum überrascht mit einem ungewöhnlichen Kontrast. Der gediegen dunkle Ton der Eichenholzausstattung, so die von einer Palmensäule getragene, mit reichem Schnitzwerk verzierte Kanzel (18.Jh.), 1947 um einen formal angepassten Altartisch ergänzt, das Rokokogehäuse der 1749 eingebauten Orgel, Emporen, Presbyter- und Kirchenbänke steht in einem reizvollen Gegensatz zu der lebendigen Struktur der schön gefügten Bruchsteinwände. Dem Geschmack der Erbauungszeit entspricht diese ungewöhnliche Lösung freilich nicht, der ursprüngliche, weiß gestrichene Verputz wurde erst nach dem Zweiten Weltkrieg abgeschlagen.

Noch aus der Frühzeit der vor der Reformation dem hl. Peter geweihten Kirche stammen das steinerne Taufbecken (13. Jh.) in der Turmhalle und die Engelsköpfe an den Portalen. Möglicherweise war Kettwig mit seiner 1250 erstmals urkundlich erwähnten Kirche, einem Gasthaus und einem Spital eine Station auf dem Pilgerweg zum Jakobsgrab im spanischen Santiago de Compostella (⊳ 37).

Üppiges Schnitzwerk an Kanzel und Altar

ev. Kirche am Markt

Martin-Luther-Platz
Essen-Kettwig
www.ev-kirche-kettwig.de

Ö: Di, Fr 10:30-12 Uhr „Offene Kirche"
V: Gelegentlich Konzerte
P: Einige Parkplätze in der Nähe
G: Gastronomie in der Nähe

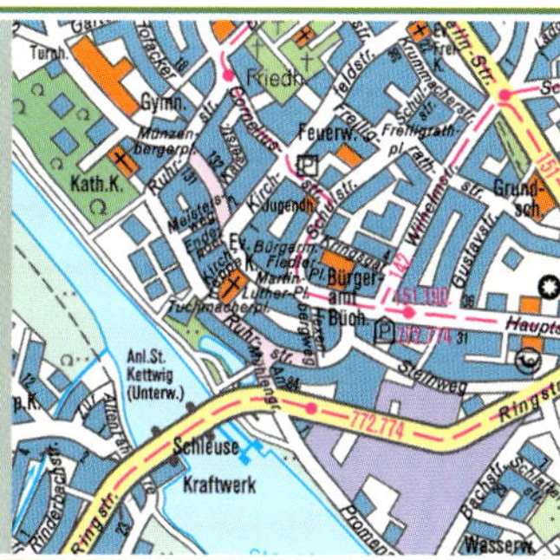

57 Werk dreier Meister

St. Peter in Essen-Kettwig

Mit dem geschlossenen Übertritt der gesamten Kettwiger Gemeinde zum reformierten Bekenntnis im Jahre 1609 war aus der alten Kirche St. Peter die evangelische Kirche am Markt (▷ 56) geworden. Trotz Widerstandes der Werdener Äbte und gewalttätigen Versuchen spanischer Truppen, die Rückkehr zum alten Glauben zu erzwingen, blieb Kettwig für fast

Der Barockaltar war ein Geschenk

zweihundert Jahre Diaspora. Erst 1803 konnte sich hier wieder eine katholische Gemeinde etablieren. Den erst 1829-30 realisierten Neubau der Peterskirche finanzierte man unter anderem mit Werdener Hilfe durch Verkauf der dortigen Clemenskirche auf Abbruch.

1823 begann schließlich ein jahrelanges Gerangel um die „rechte“ Form der neu zu erbauenden Kirche. Hatte der Düsseldorfer Bauinspektor Otto von Gloeden selbst noch einen Plan des Elberfelder Baumeisters Kleinhanz verworfen, so dauerte der Weg seines eigenen, wegen Arbeitsüberlastung erst 1826 vorgelegten Planes durch die Instanzen noch weitere drei Jahre. Die Kettwiger Katholiken hatten indes bereits 1826 ein Fundament gebaut und feierlich den Grund-

kath. Kirche St. Peter

Münzenbergerplatz 8
Essen-Kettwig
www.kath-kirche-kettwig.de

Ö: Tagsüber zugänglich (außer Mo)
V: Regelmäßig Konzerte (www.bachensemble.de, ▷ Musik in St. Peter)
P: Einige Parkplätze in der Nähe
G: Gastronomie in der Nähe

stein gelegt. Nachdem auch Adolph von Vagedes, oberster Baubeamter der preußischen Provinzregierung in Düsseldorf und Carl Friedrich Schinkel, als Leiter der Berliner Oberbaudeputation oberster Baudirektor ganz Preussens, den Entwurf mit ihren Änderungswünschen versehen hatten, konnten die Mauern der Saalkirche aufgeführt werden. Drei bedeutende Architekten haben also ihre Spuren an diesem wohlproportionierten Vertreter klassizistischen Sakralbaus hinterlassen. Den barocken Hochaltar (um 1700) erhielt die Gemeinde 1860 als Geschenk, er stammte aus dem aufgegebenen Katharinenkloster in Düsseldorf-Gerresheim. Seine überbordende Pracht steht zu der Strenge des 1975-79 nach Originalplänen restaurierten Innenraumes in einem ähnlich spannungsreichen Verhältnis wie die 1886 auf den unvollendeten Turm aufgesetzte neubarocke Zwiebelhaube (Architekt Gerhard August Fischer, Barmen) zu der schlichten Eleganz der Fassaden.

In der Nähe finden Sie:

» Die pittoreske Kettwiger Altstadt, reich an bergischen Fachwerkhäusern, stattlichen Villen und Textilfabriken des 19. Jahrhunderts, ist allein bereits einen Ausflug wert. Von den Terrassen der zahlreichen Gasthäuser und Cafés bieten sich herrliche Blicke ins Ruhrtal.

» Die Schiffe der „Weißen Flotte" fahren von der Brücke aus sowohl in Richtung Baldeneysee (▷ S. 157, Info: www.flotte-essen.de) als auch ruhrabwärts zum Mülheimer Wasserbahnhof (▷ S. 175, Info: www.mhvg.de).

» Schloss Landsberg, an einem Hang südlich der Ruhr, hatte der Stahlindustrielle August Thyssen sich 1903-04 zum repräsentativen Alterssitz ausbauen lassen (August-Thyssen-Straße, ca. 10 min mit dem Auto, nur der Park ist frei zugänglich).

» Das 1647-96 erbaute Renaissanceschloss Hugenpoet, in den Ruhrwiesen unterhalb des Schloss Landsberg, geht auf einen bereits 778 bestehenden Königshof Karl des Großen zurück. Neben einem Luxushotel beherbergt es heute ein Gourmetrestaurant und das erschwinglichere Landgasthaus „Hugenpöttchen" (August-Thyssen-Straße 51).

» Flussaufwärts liegt am linken Ruhrufer das Haus Oefte. Seit dem 9. Jahrhundert dokumentiert und nach dem 12. Jahrhundert im Besitz der Herren von Oefte, die sich auch als Raubritter betätigten, zeigt sich das Adelshaus heute im Zustand eines romantisierenden Umbaus im 19. Jahrhundert und bildet den Mittelpunkt eines Golfplatzes (Werdener Straße 27-29, ca. 10 min mit dem Auto).

» Auch die unter Essen-Werden und Mülheim genannten Tipps sind von hier aus gut zu erreichen.

Die Dorfkirche St. Laurentius in Mülheim-Mintard

Mülheim an der Ruhr

58 Älteste Pfarrkirche in Mülheim

Die Dorfkirche St. Laurentius in Mülheim-Mintard

Bereits 873 urkundlich als Pfarrkirche bezeugt, gilt die Mintarder Dorfkirche als die älteste Kirche im heutigen Mülheimer Stadtgebiet. Mintard gehörte seinerzeit zum Grundbesitz des fränkischen Edelherrn Gerricus, Begründer des Klosters Gerresheim. Bausubstanz aus dieser Zeit ist in dem von jeher dem hl. Laurentius geweihten Gotteshaus allerdings nicht überliefert. Der romanische Sandsteinturm aus der ersten Hälfte des 11. Jahrhunderts, der zweiten Bauphase der Kirche, bildet ihren ältesten erhaltenen Teil. Auch von dem dritten Bau an dieser Stelle ist nichts Sichtbares überliefert, es ist aber bekannt, dass der heutige Chor auf Fundamenten aus jener Zeit ruht. Langhaus und Chor waren 1660-61, nachdem die im 14. Jahrhundert erbaute dritte Kirche im Laufe des dreißigjährigen Krieges schwere Schäden erlitten hatte, neu erbaut worden. 1890 gestaltete der viel beschäftige Kirchenarchitekt Gerhard August Fischer (▷ 28) vor allem die Westfassade neu. Er bezog den Turm durch Verlängerung der Seitenschiffe enger in den Gesamtbau ein, gestaltete das Portal neu und setzte den heutigen oktogonalen Spitzhelm auf. Im wesentlichen prägen die Bauphasen des 17. und 19. Jahrhunderts die Mintarder Dorfkirche bis heute.

Der intime dreischiffige Innenraum ist vor allem durch wertvolle historische Ausstattungsstücke geprägt: Allen voran der barocke Hochaltar mit einem Bild der „Kreuzauffindung" (16. Jh.). Das Altarbild des linken Seitenaltars zeigt zu Füßen des Gekreuzigten unter anderem den Mintarder

Dank der schönen Barockausstattung ist die Dorfkirche bei Hochzeiten beliebt

kath. Kirche St. Laurentius

Mintarder Dorfstraße
Mülheim-Mintard
www.kath-kirche-kettwig.de

Ö: Di bis So 9-19 Uhr
F: Führungen auf Anfrage möglich (02054-4422)
V: Regelmäßig Konzerte (▷ www)
P: Wenige Parkplätze in der Nähe

Pfarrer Bourbach (18. Jh.). Auch im rechten Seitenaltar wurde der lokalen Prominenz ein Denkmal gesetzt: Die Gottesmutter soll die Züge einer Baronesse von Fürstenberg tragen (1869). Schloss Hugenpoet, Familiensitz derer von Fürstenberg, liegt nur wenige hundert Meter entfernt, das Wappen der Familie findet sich auch der ersten Kirchenbank auf der rechten Seite.

In der Nähe finden Sie:

» Wenn auch ursprünglich etwa 200 m weiter westlich gelegen, ein 778 eingerichteter Königshof Karl des Großen gilt als ein Vorläufer des Renaissanceschlosses Hugenpoet. Heute Hotel und Restaurant der Luxusklasse, bietet es im angeschlossenen Landgasthaus auch erschwingliche Köstlichkeiten (August-Thyssen-Straße 51, ca. 2 min mit dem Auto).

» Berühmt ist die 1963-66 erbaute, weithin sichtbare Ruhrtalbrücke nicht allein wegen ihrer tragischen Rolle als Sprungbrett für Lebensmüde. Das weite Flusstal in elegantem Schwung überspannend, galt sie mit 1.830 m Länge und 65 m Höhe lange Zeit als längste Stahlbrücke in Deutschland (ca. 5 min mit dem Auto).

» Als Karl der Große seinen Reichshof Hugenpoet besuchte, soll er beim Blick vom Mintarder Berg ins Ruhrtal ausgerufen haben: „Nun sieh es an, das wunderschöne Mintard!" Seinen Reiz hat es sich bis heute erhalten, am besten zu erleben bei Spaziergängen auf dem Ruhrdeich, durch die Mintarder Auen oder den waldreichen Auberg.

» Tradition hat eine Einkehr im Ausflugslokal „Dicken am Damm" (Mintarder Straße 139, ca. 5 min mit dem Auto). Hier hält auch die „Weiße Flotte" auf ihren Fahrten vom Wasserbahnhof nach Kettwig (▷ Mülheim, Info: www.mhvg.de).

» Auch die unter Essen-Kettwig, Werden und Mülheim genannten Tipps sind von hier aus gut zu erreichen.

59 Nicht immer nach strengen Klosterregeln

St. Mariae Himmelfahrt und die ehemalige Abtei in Mülheim-Saarn

Das romanische Langhaus der ehemaligen Abteikirche stammt noch aus der Frühzeit des 1214 gegründeten Klosters, das später dem Orden der Zisterzienserinnen zugeordnet wurde.

Der schlichte Tuffsteinbau mit seinem Dachreiter – Türme waren nach den Ordensregeln verboten – wurde im 13. Jahrhundert, einem Idealplan der Zisterzienser folgend, direkt an den Kreuzgang des Klosters angebaut. Die heute rekonstruierte, die spätstaufische Saalkirche in ihrer ganzen Tiefe teilende Empore zeigt die traditionelle Trennung von Nonnen- und Laienraum. Anstelle des ursprünglichen Chorjoches mit Apsis entstanden 1895-97, das Gotteshaus diente schon längst als Pfarrkirche, ein weiteres, basilikales Langhausjoch, das Querhaus und ein neuer Chor mit ebenfalls halbrunder Apsis, seitlich flankiert von einem niedrigen Turm und einer Sakristei. Der Kölner Diözesanbaurat Blanke, der die Ausführung dieser Ruhrsandsteinbauten nach Plänen des

Rechts Kirche und Kloster mit Kreuzgang, links der ehemalige Wirtschaftshof

Barock und Klassizismus prägten die Anlage

Straßburger Dombaumeisters Franz Schmitz leitete, orientierte sich in der Gestaltung der Details eng an den vorgefundenen Stilformen, formulierte sie allerdings etwas reichhaltiger aus. Etwa zu dieser Zeit entstanden auch die zwei erhaltenen Fresken im Chor.

Dass das Leben in der Abtei nicht immer nach den strengen Klosterregeln verlief, davon berichten die Quellen mannigfach. Nach ersten reformatorischen Tendenzen im späten 16. Jahrhundert wandten sich die Bewohnerinnen mehr und mehr von den asketischen Idealen der Zisterzienserregel ab. Die Querelen führten zur reihenweisen Absetzung von Äbtissinnen, bis das Kloster 1735 schließlich auch offiziell in ein freiadeliges Damenstift zur Versorgung unverheirateter Adelstöchter umgewandelt wurde. Hiermit erlebte es eine neue Blüte, die sich an der in barocken und klassizistischen Formen bis

kath. Kirche St. Mariae Himmelfahrt und Kloster Saarn

Klosterstraße 53-55
Mülheim-Saarn
www.muelheim-ruhr.de/kloster_saarn.html

Ö: Anlage jederzeit, Kirche täglich 9-18 Uhr vom Kreuzgang aus zugänglich
F: Führungen auf Anfrage möglich (0208-481122)
V: Regelmäßige Ausstellungen im Kloster, in der Kirche Konzerte etc. (▷ Aushang)
P: Parkplätze vor Ort
G: Gastronomie vor Ort und im nahen Ortskern

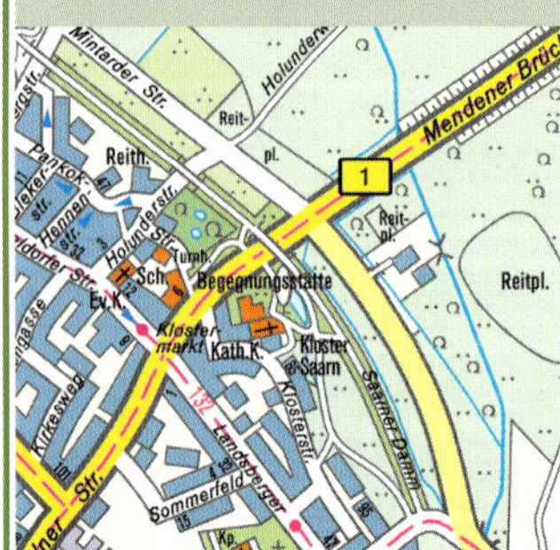

Auch landschaftlich reizvoll gelegen

ins frühe 19. Jahrhundert fortgeführten Umgestaltung und Erweiterung der Anlage bis heute ausdrückt. Nach der Säkularisation jahrzehntelang als Gewehr- und Tapetenfabrik genutzt, wurde die sehr heruntergekommene, in ihrer Vollständigkeit nördlich des Mains sehr seltene Zisterzienserinnenanlage bis 1989 aufwändig saniert und ist seither als Begegnungsstätte ein kultureller Anziehungspunkt in Saarn.

Vierung und Chor der Klosterkirche

60 Langer Weg zur Selbständigkeit

Die ev. Dorfkirche in Mülheim-Saarn

Um die Zisterzienserinnenabtei am Rande des Ruhrtales (▷ 59) bildete sich bald das Dorf Saarn. Die einst enge Verbindung des Ortskerns zum Kloster ist jedoch seit dem Ausbau der alten Düsseldorfer Chaussee zur Bundesstraße zerschnitten.

Reformatorische Bestrebungen unter den Nonnen sind spätestens für 1577 bezeugt, für die Zeit um 1600 ist auch überliefert, dass sich ein nicht unbedeutender Teil der Dorfbevölkerung zur Reformation bekannte. Bis Saarn jedoch eine eigene evangelische Predigtstätte und einen eigenen Pastor erhielt, sollte noch viel Zeit ins Land gehen. Man besuchte die Gottesdienste im jenseits der Ruhr gelegenen Mülheim, ein oftmals schwieriges Unterfangen, blieben die Broicher und die Saarner Ruhrfähre doch oft wochenlang außer Dienst, wenn der damals noch ungezähmte Fluss Hochwasser oder Treibeis führte. Und zur Beförderung von ganzen Trauerzügen – auch für Beerdi-

Der Turm an der Längswand – die ev. Kirche im Dorf Saarn

gungen mussten die Saarner Protestanten nach Mülheim – waren die Gefährte schon gar nicht ausgelegt. Dank der Toleranz der Äbtissinnen fanden ihre Toten noch lange auch auf dem Klosterkirchhof ihre letzte Ruhe, Predigten am Grab waren den Evangelischen aber bei Strafe verboten.

Nach Fürsprache des Großen Kurfürsten konnte man 1683-65 ein einfaches Bethaus für Leichenpredigten und Bibelstunden an Stelle der heutigen Kirche erbauen. Auf regelmäßige Gottesdienste mussten die Saarner Protestanten aber noch bis 1824, auf einen eigenen Pfarrer sogar bis 1845 warten. An Stelle des Fachwerkbaus, der bereits seit 1751 auch Mittelpunkt eines eigenen Friedhofs bildete, erbaute man 1774-78 eine schlichte Backsteinkirche mit Schopfwalmdach und einem kleinen Dachreiter. Ausdruck des Stolzes der Gemeinde über die 1845

Altar und Kanzel – dreiseitig von Emporen umgeben

endlich erlangte Selbständigkeit ist der Turm, der 1851 mittig an

ev. Dorfkirche Saarn

Holunderstraße 2
Mülheim-Saarn

Ö: Sa 9-12 Uhr
V: Gelegentlich Konzerte (▷ Aushang)
P: Parkplätze vor Ort
G: Gastronomie in der Nähe

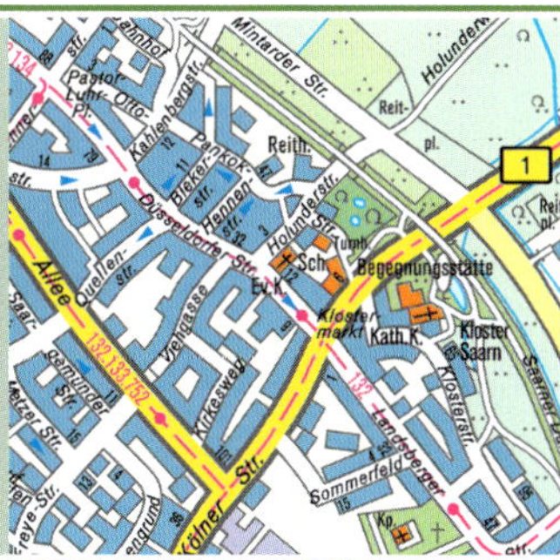

die Längsseite der Dorfkirche angebaut wurde.

Die Konzeption der dreiseitig von Emporen umgebenen Saalkirche mit ihrem hölzernen Tonnengewölbe ist selten: Der Raum ist quer gerichtet, der barocke Kanzelaltar hat seinen Platz an einer Längswand, um von jedem Platz aus gut sichtbar zu sein. Auch deshalb gilt die Saarner Dorfkirche heute als ein sehenswertes Beispiel reformierten Sakralbaus im Stil des bergischen Barocks.

In der Nähe finden Sie:

» Die Auenlandschaft des Mülheimer Ruhrtales lädt zu reizvollen Spaziergängen und Radtouren ein. Auf der ehemaligen Trasse der 1876 erbauten Ruhrtalbahn erreicht man bequem das Schloss Broich (▷ S. 175) und die nahegelegene Innenstadt, der ausgebaute Rad- und Wanderweg R12 führt bis zum Schloss Styrum (▷ S. 179) oder über Mintard nach Essen-Kettwig.

» Auf den Höhen rechts der Ruhr liegt der Witthausbusch mit Streichelzoo und Wildgehege (Lohbecker Berg, ca. 5 min mit dem Auto). Der 1908-09 erbaute Bismarckturm auf dem Kahlenberg beheimatet heute ein Künstleratelier und bietet einen herrlichen Blick ins Ruhrtal (Bismarckstraße 22, ca. 5 min mit dem Auto, März – Okt.: Di bis Fr, So 14-17 Uhr).

» Auf dem Kirmesplatz in den Ruhrauen bieten einmal monatlich sonntags Trödler Kunst, Kitsch und manches Schnäppchen (Kahlenbergstraße, ca. 2 min zu Fuß).

» Sein Atelier im Hinterhof öffnet der Künstler Peter T. Schulz, besser bekannt als „der Olle Hansen", regelmäßig für Besucher (Klostermarkt 3b, ca. 1 min zu Fuß, jeden 1. Sa im Monat 10-16 Uhr, außer Jan. und Aug.).

» Direkt am Ruhrufer führt der Leinpfad, der einst zum Treideln der mit Kohle beladenen Ruhraaken diente, Spaziergänger bis zum Wasserbahnhof. Hier startet auch die „Weiße Flotte" (www.mhvg.de). Auf halber Strecke lädt an der Florabrücke ein hübscher Teepavillon aus den 1920er Jahren nebst Biergarten zur Rast ein (Dohne 74a, ca. 20 min zu Fuß).

» Der Kassenberg am linken Ruhrufer zwischen Broich und Saarn ist ein traditioneller Standort der Lederindustrie. Direkt gegenüber einem noch produzierenden Betrieb, präsentiert seit 2003 das Leder- und Gerbermuseum in einem Gebäude der 1864 gegründeten Lederfabrik Abel & Rühl die Geschichte dieses für die Stadt einst so bedeutenden Gewerbes (Düsseldorfer Straße 269, ca. 5 min mit dem Auto, Mi bis So 14-18 Uhr, Info: 0208-3021070).

61 Hochburg der neuen Lehre

Die ev. Petrikirche in Mülheim-Mitte

Der durch seine erhöhte Lage vor dem Ruhrhochwasser geschützte Kirchenhügel bildet den größten historischen Siedlungskern der Stadt Mülheim. Die nahegelegene Schlossbrücke markiert einen bedeutenden alten Ruhrübergang, bereits der Hellweg querte den Fluss hier durch eine fast ganzjährig benutzbare Furt. Auf diesem strategisch günstigen Hügel bestand der befestigte Murenhof, dessen Besitzer, die Herren von Mülheim, erstmals 1093 Erwähnung fanden. Neben diesem bestand auch ein Wirtschaftshof, der Altenhof, aus dessen Eigenkapelle später die Pfarrkirche St. Petrus hervorging. Ein Pfarrer wirkte hier spätestens 1250, in der Zeit des Grafen von Altena-Isenberg. Um 1555 trat die Mülheimer Gemeinde zum reformierten Bekenntnis über. Seitdem heißt die Kirche schlicht „Petrikirche" und gilt als eine Hochburg der neuen Lehre des Calvinismus an der unteren Ruhr.

Der heutige Ruhrsandsteinbau ist ein Amalgam aus unterschiedlichen Bauphasen. Die älteste erhaltene Substanz zeigt der untere Teil des Turmes (um 1250). Im 15. und 16. Jahrhundert entstanden wesentliche Erweiterungen, so der Chor mit fünfseitiger Apsis und großen gotischen Fenstern, das südliche Seitenschiff und ein weiteres Turmobergeschoss. In

Auf dem Kirchenhügel liegt der wichtigste Siedlungskern der Stadt

Moderne Kunst in alten Mauern

Teilen sind auch diese Bauphasen überkommen, obwohl während eines durchgreifenden neugotischen Umbaus der Kirche 1870-71 (Architekt Julius Flügge, Essen) und des nach schwersten Kriegsschäden erst 1958 vollendeten Wiederaufbaus (Architekt Prof. Denis Boniver, Mettmann) große Teile des Gotteshauses neu geschaffen wurden.

Mit Szenen der Berufung Petrus' zum Apostel gestaltete Rika Unger das schöne Bronzeportal im Turm (1959-60). Das Innere der dreischiffigen Hallenkirche wird heute durch eine Kassettendecke sowie eine sehr qualitätsvolle moderne Ausstattung geprägt. Diese entstand, wie die Chorfenster, in den letzten Jahren nach Entwürfen des Mülheimer Künstlers Ernst Rasche.

ev. Petrikirche

Pastor-Barnstein-Platz
Mülheim-Mitte

Ö: Besichtigung auf Anfrage möglich (0208-380653).
F: Führungen auf Anfrage möglich (0208-380653)
V: Regelmäßig Konzerte (Info: 0208-4372801, www.utopie-jetzt.de)
P: Parkplätze in der Nähe
G: Gastronomie in der Nähe (Kirchenhügel)

62 Monumentale Moderne auf dem Kirchenhügel

St. Mariae Geburt in Mülheim-Mitte

Der kubisch moderne Monumentalbau der katholischen Kirche St. Mariae Geburt, in direkter Nachbarschaft zur Petrikirche auf dem Kirchenhügel gelegen, muss zu den schönsten und bedeutendsten Sakralbauten der 1920er Jahre in Deutschland gezählt werden.

Nach der Reformation galt Mülheim als Diaspora, nur im Kloster Saarn (▷ 59) und in der Kapelle des Schloss Styrum (▷ S. 179) wurden noch hl. Messen gefeiert. Der Initiative des Styrumer Schlossherren ist auch die Einrichtung einer von Jesuitenpatres betreuten Missionsgemeinde St. Marien in der Stadtmitte ab 1750 zu verdanken. 1763 fand in Alt-Mülheim der erste katholische Gottesdienst seit der Reformation im neu erbauten Schulhaus auf dem Kirchenhügel statt. Ein eigenes, sehr schlichtes Kirchlein entstand hier erst wieder 1781-86. Die seit 1790 selbständige Pfarrei umfasste seinerzeit das gesamte heutige Stadtgebiet rechts der Ruhr von Menden bis Styrum sowie Alstaden im heutigen Oberhausen (▷ 64). Nach noch immer recht bescheidenen Erweiterungen der Marienkirche 1856 und 1871 wurde 1927 ein würdiger Neubau beschlossen.

Mit Emil Fahrenkamp, Professor an der Düsseldorfer Kunstakademie, wählten der legendäre Pastor Konrad Jakobs und die Stifterin des Neubaus, die Industriellengattin Jula Thyssen, einen der bedeutendsten Architekten des Rheinlandes als Planer. Trotz seiner gewaltigen Dimensionen ist die ausnahmslos aus flachgedeckten Backsteinkuben zusammengesetzte dreischiffige Pfeilerbasilika, deren Seitenschiffe

Hauptwerk eines Stararchitekten

durch kapellenartige Vorbauten rhythmisiert werden, von äußerst wohlproportionierter Gestalt. Charakteristisch ist das aus der Romanik entlehnte Motiv des Triforiums, das den monumentalen Portikus beherrscht und im Inneren sowie am Campanile, der mit dem Langhaus durch einen Querriegel verbundenen ist, gleich mehrfach wiederkehrt.

Seitenschiff mit Originalausstattung

Trotz einiger Veränderungen im Wiederaufbau gibt der als Wegekirche konzipierte Innenraum heute noch immer einen Eindruck von der ursprünglichen, feierlichen Strenge. Eigene Akzente setzen die Werke des Mülheimer Bildhauers Ernst Rasche, so der Kreuzweg, ein übrigens von rechts nach links zu lesender Relieffries in Schiefer unter der Orgelempore (1962), die nachkonziliare Ausstattung von Altarraum und Kapellen in den 1970er Jahren sowie die 1989 nach dem Motiv des „himmlischen Jerusalem“ gestaltete Chorwand. An historischen Kostbarkeiten sind ein frühromanisches Altarkreuz (um 1100) und ein kleiner spätgotischer Reliquienschrein in Form einer Basilika (wohl 15.Jh.) zu nennen.

kath. Kirche St. Mariae Geburt

Althofstraße 5
Mülheim-Mitte
www.katholische-kirche-muelheim.de

Ö: Mo bis Fr 8-18 Uhr, Sa 8-19 Uhr, So 9-18 Uhr
V: Regelmäßig Konzerte (▷ www)
P: Parkplätze in der Nähe
G: Gastronomie in der Nähe (Kirchenhügel)

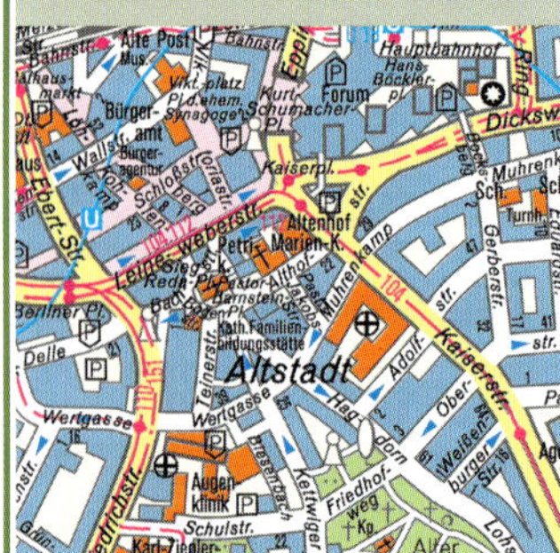

In der Nähe finden Sie:

» Im Tersteegenhaus neben der Petrikirche wohnte ab 1746 der pietistische Prediger und Dichter Gerhard Tersteegen. Heute Heimatmuseum, erinnert die Ausstellung nicht nur an den Namensgeber, sondern auch an den 1745 in Mülheim geborenen Dichter der Jobsiade, Carl Arnold Kortum. (Teinerstraße 1, Info: 0208-380430). Eine stattliche Anzahl erhaltener Fachwerkhäuser an Bogenstraße, Kettwiger Straße und Hagdorn gibt einen weiteren Eindruck von der Gestalt des alten Mülheim vom 17. bis 19. Jahrhundert.

» In der Innenstadt ist neben dem stattlichen Neurenaissancebau des Rathauses (Fr.-Ebert-Straße, erbaut 1911-15, Pfeifer & Großmann, Mülheim) vor allem das Kunstmuseum in der Alten Post mit einem sehenswerten Überblick über die Malerei des 20. Jahrhunderts einen Besuch wert (Viktoriaplatz 1, ca. 5 min zu Fuß, www.muelheim-ruhr.de/museum).

» Mülheim ist die einzige Stadt im östlichen Ruhrgebiet, deren Zentrum direkt an der Ruhr liegt. Eine bereits um 1900 einsetzende mustergültige Stadtplanung hat den Uferbereich bis heute als grünen Erholungsraum erhalten. Mit dem Ausbau der Schleuseninsel in den 1920er Jahren entstand auch der Wasserbahnhof, heute Restaurant mit Biergarten. Von hier startet die „Weiße Flotte" ihre Fahrten nach Kettwig (ca. 10 min zu Fuß, Info: 0208-4511451, www.mhvg.de).

» Neben dem burghaften Wasserkraftwerk Kahlenberg (1924-25, Pfeifer & Großmann, Mülheim) lädt das Museum „Haus Ruhrnatur" zu aktiver Auseinandersetzung mit der Flora und Fauna des Flusstales (Alte Schleuse 3, Info: 0208-433380, www.haus-ruhrnatur.de).

» Ihren Namen hat die Schleuseninsel von der erhaltenen, 1843-45 erbauten Ruhrschleuse (Auf dem Dudel). Hier liegt auch das Eiscafé „Plati", ein beliebter Sommertreff.

» Wer es aktiver mag, der findet an der Schlossbrücke einen Bootsverleih oder startet zu Fuß oder per Rad über den Leinpfad zum Kahlenberg (▷ S. 170) bzw. durch die Ruhrauen weiter nach Saarn, Mintard bzw. Essen-Kettwig.

» Am linken Ruhrufer, hinter der 1923-26 in der Tradition antiker Uferpaläste erbauten Stadthalle (Pfeifer & Großmann, Mülheim), liegt das altehrwürdige Schloss Broich. Auf das 9. Jahrhundert zurückgehend, gehört es zu den bedeutendsten mittelalterlichen Befestigungsanlagen im Rheinland (Am Schloß Broich, ca. 15 min zu Fuß, schöner Sommerbiergarten im Innenhof).

» Direkt am Schloss liegt auch der Müga-Park, ein Garten an der Ruhr auf dem Gelände eines ehemaligen Eisenbahnbetriebswerks. Der alte Ringlokschuppen bietet heute ein buntes Kulturprogramm mit Gastronomie (Am Schloß Broich 38, Info: www.ringlokschuppen.de), der Wasserturm nebenan wird bis 2006 zum Medienmuseum umgebaut.

St. Mariae Rosenkranz in Mülheim-Styrum

63 Zwischen Gleisen und Werksmauer

St. Mariae Rosenkranz in Mülheim-Styrum

Ganz im Osten von Styrum, zwischen der Werksmauer des 1871 gegründeten ehemaligen Stahl- und Walzwerks Thyssen & Co. und dem vielgleisigen Bett der Bahnstrecke Duisburg-Mülheim erhebt sich an einem kleinen Platz die katholische Pfarrkirche St. Mariae Rosenkranz. Die Industriegemeinde Styrum war 1862 als erstes Rektorat aus der Mülheimer Pfarrei St. Marien ausgeschieden, die erste Kirche, dem hl. Josef geweiht, steht jedoch im heute zu Oberhausen gehörenden Teil Styrums (▷ S. 189).

Die im Stile ihrer Zeit nach Vorbildern der Hochgotik überaus reich gegliederte und verzierte Basilika entstand 1892-94 nach einem, von dem Düsseldorfer Kirchenarchitekten Caspar C. Pickel (▷ 5) nach einem Vorentwurf Friedrich von Schmidts, damals bereits seit mehr als drei Jahrzehnten als Professor und Dombaumeister am Stephansdom in Wien tätig (▷ 13, 44), in Backstein mit einer Verkleidung aus gelben Ringofenziegeln. Besonders eindrucksvoll ist die platzseitige Hauptfassade mit hochaufstrebendem Staffelgiebel, großer Fensterrose und reichem Blendschmuck. Die Friedenskönigin Maria ziert den Giebel, während das Marienrelief über dem Hauptportal auf den Rosenkranzgedanken anspielt. Selbst der platzabgewandte, im Zwickel zwischen Seitenschiff und Chor angeordnete Turm mit seinem fialenflankiertem Spitzhelm bestimmt diese Ansicht majestätisch mit.

„Zum Himmel" strebt auch die feine Gliederung der inneren Langhauswände und Gewölbe.

Prachtbau im Arbeiterviertel

Der aufklappbare Hauptaltar

Die neugotische Kanzel

Im Zusammenklang mit der, von sehr wenigen Veränderungen abgesehen, vollständig erhaltenen, künstlerisch und handwerklich sehr hochrangigen neugotischen Ausstattung kann man hier heute noch einen sehr guten Eindruck von den Idealen katholischen Kirchenbaus um die Wende zum 20. Jahrhundert gewinnen. Von dem Boden aus Mettlacher Platten mit Motiven des Drachenkampfs des hl. Georg über den Hauptaltar bis zur Orgel, jedes Teil der bis 1905 komplettierten Ausstattung trägt Bildwerke in sich, die, anhand

kath. Kirche St. Mariae Rosenkranz

Marienplatz
Mülheim-Styrum
www.rosenkranz-kirche.de

Ö: Besichtigung nach Anmeldung im Pfarrbüro
F: Führungen auf Anfrage möglich (0208-400060)
P: Einige Parkplätze vor Ort

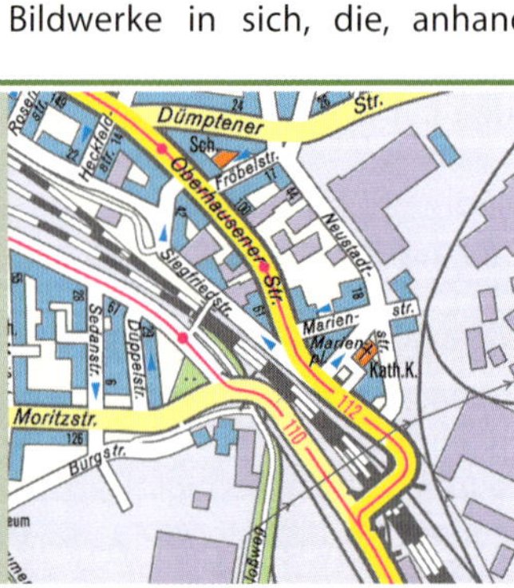

biblischer Szenen, über das zeitgenössische Glaubens- und Liturgieverständnis Aufschluss geben. Der klappbare hölzerne Aufsatz des Hauptaltars (1905), einst von neugotischen Fialschmuck bekrönt, mahnt so u. a. mit Darstellungen der Apostelkommunion, dass Sünder sich von der Gemeinschaft im Abendmahl ausschließen. Die Reliefs am steinernen Altarblock thematisieren dessen Charakter als Opfertisch, während die Evangelisten an der Kanzel die Verkündigung des Gotteswortes visualisieren. Der reiche Schmuck, so könnte man meinen, sollte wohl manchen Arbeiter über seine Alltagshärten hinwegtrösten und durch Mahnung und Erlösungsversprechen auf dem rechten Weg halten.

In der Nähe finden Sie:

» Das in der Ruhrniederung gelegene Schloss Styrum, im Jahre 1067 erstmals beurkundet, wurde ab 1289 durch Graf Dietrich I. von Isenberg (▷ S. 40) zur Burganlage ausgebaut. Seine Erben blieben auch nach der Reformation romtreu, so dass die Schlosskapelle bis 1763 das einzige katholische Gotteshaus Mülheims rechts der Ruhr war. Die Schlossherren hatten ab 1750 auch für den Aufbau einer Missionsgemeinde auf dem Kirchenhügel (▷ 62) gesorgt. 1890 erwarb August Thyssen das ruinöse Schloss und ließ es zum Wohnsitz eines Generaldirektors seiner nahegelegenen Fabrik Thyssen & Co. ausbauen (Moritzstraße 102, mit Gastronomie, ca. 5 min mit dem Auto).

» Das Wassermuseum „Aquarius" im 1892-93 erbauten Wasserturm im Schlosspark, bietet seit 1992 spannende, interaktiv und spielerisch erfahrbare Präsentationen rund um das Thema Wasser (Burgstraße 70, ca. 5 min mit dem Auto, Info: 0208-4433390, www.aquarius-wassermuseum.de).

» Hier startet auch der Ruhrwanderweg R12, der, immer am Fluss entlang, via Schloss Broich (▷ S. 175) und Saarn nach Essen-Kettwig führt. Nach kurzer Strecke durch die Auenlandschaft gibt er den Blick auf die 1820 am rechten Ufer von den Brüdern Johann und Franz Dinnendahl (▷ S. 134) als Eisenschmelze begründete Friedrich-Wilhelms-Hütte frei. Hier wurde 1848/49 erstmals im Ruhrgebiet in einem mit Koks befeuerten Hochofen Roheisen gewonnen.

» Das bei Eröffnung 1925 größte Freibad Deutschlands am Styrumer Ruhrstadion soll erst zur Badesaison 2006 wiedereröffnet werden, dann aber als Naturerlebnisbad, das völlig ohne Chlor auskommt (Friesenstraße 101, ca. 5 min mit dem Auto).

» Auch alle unter Mülheim-Saarn bzw. Mitte und Oberhausen genannten Tipps sind von hier aus gut zu erreichen.

St. Antonius von Padua in Oberhausen-Alstaden

Oberhausen

64 Ein Pfarrzentrum für die einstige Schiffergemeinde

St. Antonius von Padua in Oberhausen-Alstaden

Bevor das einst bäuerlich geprägte Alstaden zum Ende des 19. Jahrhunderts unter den beherrschenden Einfluss von Bergbau und Industrie kam, hatten sich hier in der Blütezeit der Ruhrschifffahrt bis 1855 vor allem Schiffer und Schiffszimmerleute niedergelassen. Bei günstigem Wasserstand passierten auf dem Weg zum Ruhrorter Hafen täglich bis zu 100 mit Kohle beladene Ruhraaken den im Süden des Ortes einen weiten Bogen beschreibenden Flussabschnitt. Die Einführung der Eisenbahn in dieser Region 1847 setzte der Ruhrschifffahrt jedoch ein rasches Ende.

Seit jeher hatten die Alstadener Katholiken den langen Marsch zum Mülheimer Kirchenhügel (▷ 62) auf sich nehmen müssen. Ab 1862 gehörten sie zum neugegründeten Rektorat St. Joseph in Styrum (▷ S. 189) – bereits eine deutliche Erleichterung. Erst um 1900 entstand innerhalb von gut einem Jahrzehnt rund um den heutigen Antoniusplatz ein eigenes Pfarrzentrum mit allen notwendigen Einrichtungen. Zunächst 1896-97 die dem hl. Antonius von Padua geweihte Kirche selbst, dann ein Pfarrhaus (1898), zwei Kaplaneien und das Pfarrheim „Bernardushaus" mit Kindergarten (1904-05), zuletzt die Küsterei (1908). Insgesamt ein auch städtebauhistorisch interessantes Ensemble. Außerdem gab es bereits seit 1875 eine katholische Schule und 1909 konnte noch das katholische Vereinshaus „Bürgerhaus" eingeweiht werden.

Die kleine neuromanische Backsteinbasilika wirkt in ihrer noch dem Klassizismus verhafteten Strenge für Ihre Bauzeit ein wenig altmodisch; den Entwurf des Kölner Architekten Heinrich Krings führte der Oberhausener J. Franz Boegershausen aus. Dem risalitartig vorgezogenen, übergiebelten Mittelteil der Westfassade mit Hauptportal und Radfenster ist rechts ein ebenfalls leicht vortretender Turm beigestellt. So entsteht neben einer Staffelung auch eine Stufung der einzelnen Baukörper, die ursprünglich, mit

Die Großzügigkeit des Inneren überrascht

einem großen Backsteinkreuz auf dem Hauptgiebel und einem etwas höheren Pyramiddach auf dem Turm, deutlich stimmiger wirkte.

In Inneren überrascht der nach Kriegsschäden stark vereinfachte Innenraum durch seine Größe. Bemerkenswert sind Fenster (ab 1978) und Zelebrationsaltar (1982) nach Entwürfen der Marienthaler Künstlerin Hildegard Bienen sowie der, im Stil der 1950er Jahre kostbar gestaltete, goldene Tabernakel (Wilhelm Polders, Kevelaer).

kath. Kirche St. Antonius von Padua

Antoniusplatz
Oberhausen-Alstaden

Ö: Besichtigung auf Anfrage möglich (0208-843894)
P: Einige Parkplätze vor Ort
G: Gastronomie in der Umgebung

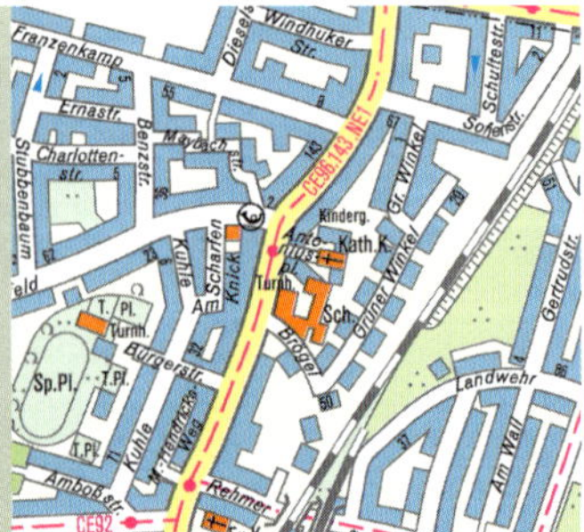

65 Am falschen Endt gespart

Die ev. Kirche in Oberhausen-Alstaden

Die evangelische Kirche Alstaden entstand 1902-04 nach einem, in seiner freien Mischung aus neuromanischen und Neurenaissanceformen bereits recht eigenwilligen Entwurf des Düsseldorfer Architekten Hermann vom Endt. Dem Hauptschiff der Saalkirche ist südlich ein als Nebensaal abteilbares „Seitenschiff" unter tiefer Empore vorgelagert. Die ebenso praktische wie kostenbewusste Lösung der Integration des Konfirmandensaals in die Kirche war um 1900 nicht selten, sparte man doch den Bau eines separaten Gemeindesaals. Ungewöhnlich ist jedoch die Stellung des, so von der Straße aus kaum sichtbaren, gedrungenen Turmes im südöstlichen Zwickel zwischen Seitenschiff und Chorjoch. Die Erklärung für diese merkwürdige Konzeption liegt in der Ursprungsplanung vom Endts, die aber nie verwirklicht wurde. Die heute auffallend schmucklose Westwand sollte einst eine reich gegliederte neuromanische Schaufassade mit Hauptportal und einem seitlich einbezogenen zweiten Turm erhalten.

Das an deren Stelle realisierte, sehr eigenwillige Provisorium ist leider nicht erhalten: Die Westwand zierte einst – ähnlich mittelalterlichen, direkt an die großen Kathedralen angebauten Buden – ein malerischer, mehrgiebeliger Fachwerkvorbau, der das Portal, ein Emporentreppenhaus und einen Raum für den Blasebalg der Orgel enthielt.

Vielleicht kam es nicht von ungefähr, dass diese Kirche im überlieferten umfangreichen Werk des Architekten der wohl einzige Sakralbau geblieben ist: So einfallsreich vom Endts Planung

Turm und Sakristei am ehemaligen Chor

auch war, so unbefriedigend blieb sie im Inneren. Gottesdienstbesucher, die nur noch auf den vorderen Rängen im Seitenschiff oder auf der Empore Platz fanden, haben dem liturgischen Geschehen im von dort kaum einsehbaren Chorraum wohl allenfalls akustisch folgen können.

So beschloss die Gemeinde 1967, das Innere ihrer Kirche grundlegend umzuorganisieren (Entwurf: Baurat H. O. Vogel, Trier): Der Altar kam an die nördliche Längswand, die Bänke wurden zugunsten besserer Sicht um 90 Grad gedreht und die Orgel fand in der einstigen Chorapsis Platz. Der Raum unter der Empore wurde abgetrennt, als Werktagskapelle eingerichtet und der Eingang an die Südseite verlegt. Gleichzeitig erhielt das Innere eine düster-rustikale Klinkerverkleidung mit hohen Rundbogenblenden und qualitätvolle moderne Prinzipalstücke. Die bereits 1950 für den Chor geschaffenen Glasbilder (Egbert Lammers, Werl) fanden einen undankbaren neuen Platz hoch oben in der Westwand. So blieb zwar nichts wie es war, aber doch alles beim alten: irgendwie seltsam.

Seit 1967 steht der Altar an der Längswand

ev. Kirche Alstaden

Bebelstraße 234
Oberhausen-Alstaden
www.kirche-alstaden.de

Ö: Besichtigung auf Anfrage möglich (0208-848460)
V: Jeden 2. Sa im Monat Konzerte (▷ www)
P: Einige Parkplätze vor Ort
G: Gastronomie in der Umgebung

66 Zentrum einer reformfreudigen Gemeinde

Die ev. Pauluskirche in Oberhausen-West

Die Pauluskirche entstand 1905-06 als zentrales Gotteshaus für die evangelische Arbeiterbevölkerung im durch Schwerindustrie und die Zeche Concordia stark geprägten Oberhausener Westen auf einem weitläufigen Grundstück zwischen dem Güterbahnhof und der einstigen Dampfkesselfabrik Deutsche Babcock und Wilcox. Der kompakte, wie in Anspielung auf das Lutherwort „Ein feste Burg ist unser Gott" konzipierte Zentralbau folgt der seinerzeit sehr fortschrittlichen Idee der „Predigtkirche". Obwohl bereits 1891 formuliert, waren die kirchlichen Baubehörden diesem Konzept nie gewogen, so dass die Realisierung eines solchen Projektes gegen alle Widerstände als ein deutliches Bekenntnis einer reformfreudigen und aufgeschlossenen Gemeinde verstanden werden kann. Zumal, wenn der Architekt sich, wie in diesem Fall, mit Zustimmung seiner Bauherren auch noch von dem seit der zweiten Hälfte des 19. Jahrhunderts quasi verordneten Stilkorsett der Romanik oder Gotik befreien konnte.

Der ortsansässige Architekt Heinrich Behrens konzipierte die Arbeiterkirche als kolossalen Kuppelbau unter achtseitigem Mansarddach. In zwei V-förmig den Portalvorbau flankierenden Flügelbauten schuf er außerdem Platz für alle notwendigen Neben- und Gemeinderäume und machte die Pauluskirche so zu einem frühen Gemeindezentrum. Wenn auch Groß- und Einzelformen wie die Kuppel mit dem laternenartigen Glockenaufsatz und die nach Kriegsbeschädigung verlorenen Schweifhelme der Treppenhaustürme deutlich barocke Bezüge aufweisen, so ist der monumentale, mit hellroten Maschinenziegeln verklinkerte Bau vor allem in der Art der Materialverwendung mit der zeitgenössischen Industriearchitektur in Zusammenhang zu bringen. An dem reduzierten, komplett aus Ziegel gearbeiteten Bauschmuck fallen vor allem die zeichenhaften Kreuzreliefs in den Giebelfeldern von Türmen und Portalbau auf.

Der großzügig belichtete, imposante Innenraum wurde vor einigen Jahren für eine nicht ausschließlich gottesdienstliche Nutzung modern und zweckmäßig umgestaltet. So findet hier ganz aktuell, wie bereits vor fast einhundert Jahren, eine bedarfsgerechte Neuorientierung gemeindlicher Arbeit ihren baulichen Ausdruck.

Vom Stilzwang befreit – die Kuppelkirche im Westen Oberhausens

ev. Pauluskirche

Duisburger Straße 331
Oberhausen

Ö: Besichtigung auf Anfrage möglich (0208-828480)
V: Gelegentlich Konzerte (Info: 0208-828480)
P: Einige Parkplätze vor Ort
G: Gastronomie in der Umgebung

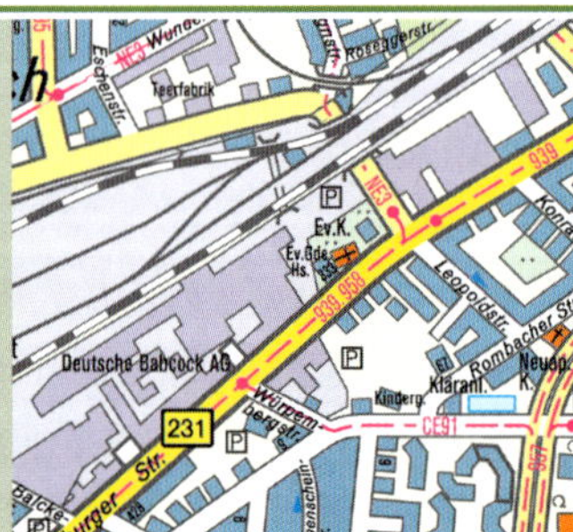

67 Zelt Gottes hinter hohen Mauern

Klosterkirche Unsere Liebe Frau in Oberhausen-Styrum

Mit hohen, fensterlosen Backsteinmauern lässt die Kloster- und Pfarrkirche an der verkehrsreichen Ausfallstraße nach Mülheim außen kaum vermuten, mit welch lichtdurchfluteter Leichtigkeit das Innere der Kirche und welch ruhiger Idylle der kreuzgangartige Garteninnenhof den Stille suchenden Gast in Empfang nimmt.

Gottfried Böhm, Sohn des wohl prominentesten Kirchenarchitekten der Zwischenkriegszeit, Dominikus Böhm, legte auch den dreiseitig umschlossenen Vorhof an, der, obwohl offen und einladend, zur Straße hin durch ein filigranes Stahlgitterwerk symbolisch vom „Draußen" abgeteilt ist. Die am nördlichen Abschlussbau des Hofes unter einem Vordach postierte neugotische Marienstatue, buchstäblich bekrönt von einem schlanken Turmkegel, gibt einen bei aller Zurückhaltung sehr bildhaften Hinweis auf den sakralen Charakter der Anlage – des Klosters und der Kirche Unserer lieben Frau. Der 1924 erbaute Turm, einziges Relikt der bereits 1922 hier in einem ehemaligen Wirtshaussaal eingerichteten ersten Kirche, steht in der Tiefe des Grundstücks und fällt erst später ins Auge.

Zur Entlastung der Pfarrei St. Joseph (▷ S. 189) hatten in jenem Jahr Patres aus dem Orden der Missionare vom heiligsten Herzen Jesu aus Hiltrop die Seelsorge dieses östlichen Styrumer

Oase der Stille an der Ausfallstraße

Die neugotische Mariensäule

Die Leichtigkeit des Raumes erinnert an ein Zelt

Ortsteiles übernommen.

Das Innere des überaus sehenswerten 1956-57 erbauten Kirchenraumes konzipierte Böhm nach einer Idee, die Ergebnisse des II. Vatikanischen Konzils 1962-65 gewissermaßen vorwegnahm. Der von 18 schlanken Stahlstützen umstandene lichte Raum erinnert bildhaft an ein Zelt, dass einer Gemeinde „auf dem Weg zu Gott" Schutz und Heim bietet. Seine Leichtigkeit lässt aber, im Gegensatz zu den für die Ewigkeit in Stein gefügten „Domen" früherer Jahre, auch Raum für Bewegung, für „Weiterentwicklung" und spiegelt damit die zeitgenössische Erfahrung einer sich ständig verändernden Welt. Über den nach außen so hermetischen Mauern öffnen sich umlaufende Fensterbänder. Sie lassen auch die flache Decke leicht, fast schwebend erscheinen. Die Ostwand, der Altar ist hier nach Süden ausgerichtet, ist zum Kreuzgang hin sogar komplett in kleinteilige Glasfelder aufgelöst. Die kunstvolle, 1978 erneuerte Verglasung verweist mit floralen Symbolen Mariens und der Passion auf die enge Verbindung von Leid und Erlösung.

Klosterkirche Unsere Liebe Frau

Mülheimer Straße 365
Oberhausen-Styrum

Ö: Tagsüber ist der verglaste Windfang der Kirche zugänglich
P: Einige Parkplätze in der Nähe (Bügelstraße)

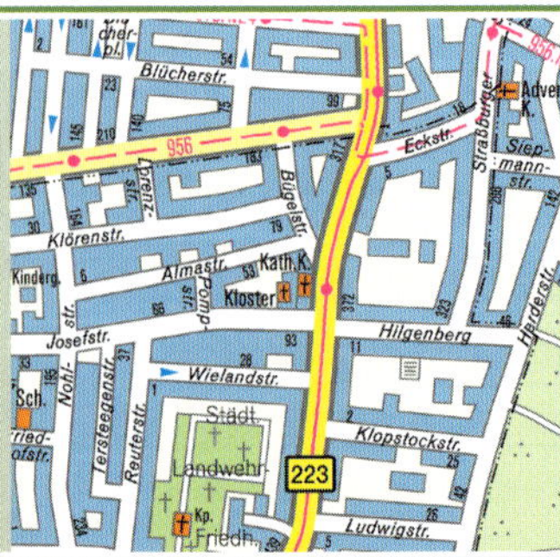

In der Nähe finden Sie:

» Ganz in der Nähe der Klosterkirche, an der Josefstraße, liegt die älteste Pfarrkirche Styrums, St. Joseph. Hatten bei Gründung des Rektorats 1862 als erste Tochtergemeinde der Mülheimer Pfarrei St. Marien (▷ 62) die Gottesdienste noch in einer eilig erbauten Notkirche stattgefunden, entstand hier 1871-74 die heutige dreischiffige Hallenkirche nach einem 1869 gezeichneten neugotischen Entwurf des Wieners Dombaumeisters Friedrich von Schmidt (▷ 13, 44, 63) und unter der Leitung des bauerfahrenen Franziskanerpaters Paschalis Gratze (▷ S. 145). Seit 1910 gehört dieser nördliche Teil Styrums zur Stadt Oberhausen (Martin-Heix-Platz, ca. 5 min zu Fuß).

» Das 1882 gegründete St.-Vincenz-Haus, ursprünglich zur Pflege von Waisen und kranken Kindern errichtet, wird seit 1890 von Nonnen des 3. Ordens der Dominikanerinnen von Arenberg geleitet. In den Jahren 1907-08 entstand eine großzügige Erweiterung nach Plänen von Caspar Clemens Pickel, Düsseldorf (▷ 5, 63). Die seinerzeit erbaute „Kapelle" erreicht die Ausmaße einer stattlichen Kirche (Grenzstraße 156, ca. 5 min mit dem Auto).

» Ganz im Norden Styrums, der heutigen Innenstadt von Oberhausen, steht die 1862-64 erbaute Christuskirche. Dieser, dem Berliner Rundbogenstil verpflichtete Backsteinbau mit einigen neugotischen Elementen (Baumeister Maximilian Nohl, Köln) war die erste evangelische Kirche in Alt-Oberhausen und damit auch das Gotteshaus der Protestanten in Unterstyrum (Nohlstraße 5, ca. 10 min mit dem Auto).

» Die spannende Geschichte der Eisen- und Stahlindustrie, nicht nur in Oberhausen, präsentiert sehr anschaulich das Rheinische Industriemuseum auf dem Gelände der ehemaligen Zinkfabrik Altenberg (Hansastraße 20, ca. 10 min mit dem Auto, Info: 01805-743465 (12 ct/min), www.rim.lvr.de); ganz in der Nähe des ebenfalls sehenswerten, 1929-34 erbauten Hauptbahnhofs am Willy-Brandt-Platz.

» Dass auch die heimische Wasserwelt fasziniert, ist seit Ende 2004 im Großaquarium Sea Life mit über 20.000 Meeresbewohnern zu erleben. Jung und Alt tauchen hier in eine andere Welt ein, für Kinder gibt es außerdem noch das Piraten-Abenteuerland. (Centroallee, ca. 15 min mit dem Auto: Info: 0208-44488444, www.sealife.de)

» Skaten, Klettern, Streetsoccer und Beach-Volleyball sind nur einige der Angebote für coole Kids im ganzjährig offenen Trendsportpark „open airea" beim Schloss Oberhausen. (Am Kaisergarten 28, Info: 0208-9604040, www.openairea.de)

» Auch die unter Mülheim-Styrum bzw. Mitte genannten Tipps sind von hier aus gut zu erreichen.

Glossar

Ambo Lesepult im Altarraum.
Apsis Halbkreisförmiger, eckiger oder polygonaler Raumanbau an Chor, Schiff oder Querhaus.
Basilika Mehrschiffiger Kirchenraum mit höherem, selbständig belichteten Mittelschiff (vgl. Staffelhalle).
Benediktion Segnung einer Person oder Sache durch einen kath. Priester.
Bogenfries Fortlaufende Reihe der Wand vorgeblendeter Bögen.
Chor Für den Altardienst vorgesehener, ausgeschiedener Raumteil einer Kirche.
Chronogramm Inschrift, in der eine Buchstabenfolge, als römische Zahlen gelesen, eine Jahreszahl ergibt.
Dienst Wänden oder Pfeilern vorgelegter Rund- oder Profilstab zur Aufnahme der ▷ Rippen, Gurte und Schildbögen eines ▷ Kreuzrippengewölbes (Gotik).
Dreipass Aus drei Kreisbögen zusammengesetzte Maßwerkfigur, bei vier Bögen ergibt sich ein Vierpass.
Eisenacher Regulativ Die 1861 beschlossene Leitlinie zum ev. Sakralbau empfahl in Ablehnung der Traditionen des 17. und 18. Jhs. den neugotischen bzw. neuromanischen Stil als einzig „christlich".
Epitaph Mal zum Gedächtnis eines Verstorbenen, meist mit ausführlicher Inschrift oder figürlichen Darstellungen.
Fensterrose Maßwerkverziertes Rundfenster (Gotik).
Fiale Spitzes, türmchenartiges Zierglied (Gotik).
Fresko Wandmalereitechnik, bei der die Farbe auf den nassen Verputz aufgetragen wird.
Fries Flächenband als Schmuck oder Gliederung von Wänden oder Fassaden.
gebundenes System Aus dem Vierungsquadrat abgeleitete Raummaßeinheit, bei der jedem Mittelschiffjoch zwei Seitenschiffjoche von jeweils halber Breite und Länge entsprechen.
gekuppeltes Zwillingsfenster Zweigeteiltes Fenster mit verbindendem Bogen und Mittelpfosten.
Gurtbogen Quer zur Hauptachse verlaufender, gewölbetrennender Bogen.
Hallenkirche Kirchenraum mit gleich hohen Gewölben in allen Schiffen.
Hauptgesims Horizontal hervortretendes Gliederungselement am oberen Abschluss eines Baukörpers.
Joch Raum- oder Gewölbeabschnitt, in der Längsrichtung des Bauwerks gezählt.
Kanonissenstift Klösterliche, im Unterschied zu Nonnen aber nicht durch Gelübde gebundene Lebensgemeinschaft adeliger Damen.
Kapitell Kopf einer Säule, eines Pfeilers oder Pilasters, je nach Form und ornamentalem Schmuck: Korbkapitell, Blattkapitell etc.
Konsekration (lat.: Wandlung) Feierliche Weihehandlung z. B. an Kirche oder Altar, bei der nach kath. Lehre Brot und Wein in Leib und Blut Christi gewandelt werden.
Konsole Hervortretender Kragstein zur Aufnahme von Bögen, Gesimsen, Figuren etc.
Kreuzarm Seitlicher Abschnitt eines im Grundriss kreuzförmigen Gebäudes, meist Arm des Querhauses (auch: Querarm).
Kreuzgang Überdachter Arkadengang um einen Klosterinnenhof.
Kreuzkuppelkirche Kuppelüberdeckte Kirche über dem Grundriss eines griechischen Kreuzes.
Kreuzrippengewölbe Gewölbeform, die durch Verschneiden zweier gleich hoher ▷ Tonnengewölbe entsteht und deren Schnittgrate durch unterlegte Profile hervorgehoben sind (Gotik).
Kreuzweg Schilderung des Leidensweges Jesu in 14 Stationen vom Todesurteil bis zur Grablegung.
Krypta Grabraum unter dem Chor einer Kirche.
Laibung Rechtwinklige Einschnittsfläche einer Tür oder eines Fensters in die Mauer.
Langhaus Baukörper einer Kirche zwischen Eingang und Chor bzw. Querhaus.
Laterne Rundes oder polygonales, durchfenstertes Türmchen auf dem Scheitel einer Kuppel.

Lisene Flacher senkrechter Mauerstreifen, im Gegensatz zum ▷ Pilaster ohne Basis und Kapitell.
Mansarddach Geknickte Dachform mit steilerer Neigung im unteren Teil (Barock).
Mittelschiff Mittlerer in Querrichtung des Gebäudes gezählter Raumabschnitt, gemeinsam mit evtl. Seitenschiffen bildet er das ▷ Langhaus.
Obergaden Oberer Teil einer architektonischen Wandgliederung, in einer Basilika durchfensterte obere Wandzone des Mittelschiffs.
Oculus (lat. Auge) Rundfenster
Oktogon Achteckiges Gebäude oder Gebäudeteil.
Opferaltar Altar (Stätte des eucharistischen Mahls), dessen Gestaltung den vorchristlichen Charakter als Opfertisch betont.
Pfeilerbasilika Basilika, deren Hochschiffwände von Pfeilern statt Säulen getragen werden.
Pilaster Flacher Wandpfeiler mit Basis und Kapitell (vgl. Lisene).
Portikus Die Hauptfront eines Gebäudes betonender Eingangsvorbau, in der Antike von Säulen oder Pfeilern getragen.
Predigtkirche In Form oder Anlage in besonderer Weise auf die Predigt ausgerichtete Kirche, z. B. Hallenkirchen der Bettelorden, Breitsaalkirchen oder kreuzförmige Zentralbauten der Protestanten.
Prinzipalstücke Die in der ev. Kirche wichtigsten Ausstattungsstücke Altar, Kanzel oder Ambo, früher auch Orgel, die man einheitlich und z. T. als räumliche Einheit zu gestalten sucht (▷ Kanzelaltar).
Pyramiddach Spitz zulaufende, aus vier oder mehr regelmäßigen Dreiecksflächen gebildete Dachform (auch Zeltdach).
Quadermauerwerk Mauerverband aus regelmäßig behauenem Werkstein.
Querhaus Das Langhaus quer kreuzender Baukörper, meist vor dem Chor (▷ Kreuzarm).
Rhombendach Aus rautenförmigen Flächen über Dreiecksgiebeln gebildete Dachform.
Rippe Den Gratlinien eines Gewölbes unterlegtes, profiliertes Architekturglied (Gotik).
Risalit In ganzer Höhe aus einer Fassade hervortretender Bauteil zur symmetrischen Gliederung.
Scheidbogen Jeweils über einen Raumabschnitt verlaufender, Mittel- und Seitenschiff abtrennender Bogen.
Schlussstein Keilstein im Scheitelpunkt eines Bogens oder im Kreuzungspunkt eines Gewölbes.
Schopfwalmdach Satteldach, bei dem die oberen Giebelabschnitte durch je eine weitere kurze Dachfläche ersetzt sind.
Schweifhelm Turmdach mit ein- oder mehrfach geschweifter Kontur.
Seitenschiff Meist beidseitig des ▷ Mittelschiffs angeordnete Raumteile, mit diesem durch Öffnungen (Arkaden) verbunden.
Sgraffito Ritzzeichnung in unterschiedlich gefärbten Putzschichten.
Simultankirche Gleichzeitig durch mehrere Konfessionen genutzte Kirche.
Staffelchor Choranlage mit mehreren, gestaffelt angelegten Chören oder Apsiden
Staffelgiebel Dreiecksgiebel mit gestuften Schrägen (auch Stufen- oder Treppengiebel).
Staffelhalle Mehrschiffige ▷ Hallenkirche mit zur Mitte hin ansteigenden Raumhöhen bei nicht selbständig belichtetem Mittelschiff (vgl. Basilika).
Sternrippengewölbe Gewölbeform mit nicht durchgehend geführten, sondern sternförmig verzweigten ▷ Rippen.
Strebepfeiler Pfeiler zur Abstützung von Wänden oder Gewölben (Gotik).
Tabernakel Behältnis für Kelch und Hostie.
Thermenfenster Großes, kreissegmentförmiges Fenster mit zwei vertikalen Unterteilungen.
Tonnengewölbe Gewölbeform mit kreissegment- oder spitzbogigem Querschnitt.
Triumphbogen Bogen, der Chor oder Querhaus vom Hauptschiff trennt.
Tympanon Giebel- oder bogenförmiges Feld über einem Portal bzw. dessen Füllung.
Vierung In der Durchdringung von Lang- und Querhaus entstehender Raumteil.
Vikarierecht Recht zur Berufung eines Vikars verbunden mit der Pflicht zur Besoldung desselben.
Wandpfeilersaal Durch ▷ Wandpfeiler gegliederte ▷ Saalkirche.

Wegekirche Konzeptionell stark auf den Altar, auf Sammlung und Verehrung, ausgerichtete traditionelle Raumform bei klarer Trennung von Priester- und Gemeinderaum.
Welsche Haube Haubendach mit geschweifter Kontur (Barock).
Westwerk Früh- oder hochmittelalterlichen Kirchen westlich vorgelagerter Bauteil mit selbständiger Funktion, der mittlere quadratische Raumschacht meist als Turm ausgebildet.
Wiesbadener Programm 1891 von Architekt Otzen und Pfarrer Veesenmeyer formulierte Empfehlung zur Reform des ev. Sakralbaus. Stellte bei freier Stilwahl die Verkündigung und die Einheit der Gemeinde im Abendmahl in den Mittelpunkt der Planung. 1892-94 mit der Wiesbadener Ringkirche beispielhaft realisiert.
Zelebrationsaltar Nach dem II. Vatikanischen Konzil bevorzugte, freistehende Altarform, die dem Priester erlaubt, die hl. Messe der Gemeinde zugewandt zu feiern. Oft mit weit in den Gemeinderaum vorgezogenem Standort.
Zentralbau Bauwerk mit etwa gleich langen Hauptachsen, also kreisförmigem, quadratischem oder polygonalem Grundriss, oft ungeteilt.

Abbildungsverzeichnis